身体《からだ》の聲《こえ》

武術から知る古の記憶

光岡英稔
Hidetoshi Mitsuoka

PHP研究所

はじめに

「あの頃へ戻り過去を変えることはできない。でも私たちは過去から学ぶことはできる」

映画『アリス・イン・ワンダーランド』に登場したセリフです。

この作品を観た後、七歳になった私の娘は折に触れて口にしていました。彼女なりにこの言葉に真実を認めたのかもしれません。

おとぎばなしは私たちに答えを与えはしませんが、事実を受け止めようという姿勢を示しています。

そのような真摯《しんし》さをはなはだしく欠いているのが、バブル経済の栄華を知っている世代ではないかと思います。

例えば「失われた二十年」といった表現は、いまだに失ったものをがんばって取り戻そうという発想を前提にしています。

若い世代からすれば、とうの昔の繁栄にこだわっている人たちは、諦《あきら》めを知らない現実逃避者か、あるいは現状の迷走する社会を作った張本人であるにもかかわらず、現実を無視して過去の栄耀《えいよう》を再現しようとしている狂人にしか映らないのかもしれません。

とはいえ、「失われた社会」を常識としている若い世代といえども、この混迷の時代に生きて行くのは容易でないことも確かです。

彼らは「失われた社会」に生まれたわけです。

それがもたらす「絶望感と行き場のなさ」をどこに持っていけばよいのか分からないままでしょう。

安らぐことのできない根本的な原因は、自らのアイデンティティーの源となる身体《からだ》と感性が危機を迎えているからです。

私たちは「失われた社会」だけではなく、「失われた身体」という困難とも向き合わなくてはいけない時代に入っています。

人間が身体観の機械化からさらに自他を情報やデータとして捉え、いわば「無線化」した身体観を当たり前とするようになってきたのが現代であり、その現状に至る経験が身体を失った背景にあります。

長い人類の歴史の中で、日々暮らしていくには実際の体験なしには成り立ちませんでした。自分で食べ物を育て、狩猟採集し、自分で使う道具を作る。このように手ずから行うことと暮らしは密接につながっていました。

地続きの有線化された身体でなければ生きていけなかったわけです。それに比べると、今は明らかに無線化した身体が普通になりつつあります。

なぜクリック一つで遠く離れたところからモノが届くのか。

そのメカニズムは分からないし、説明されても実感は湧きません。けれども問題なく荷物が指定の時間に運ばれてきます。

こうした実体のない人工的な環境にふさわしいのは「無線化した身体」です。

メディアに登場する身体はまさにそうで、例えば一昔前の映画『攻殻機動隊』や『マトリックス』『ターミネーター』では実世界とバーチャルな世界の身体観はまだ有線でつながっていましたが、『ターミネーター：新起動／ジェニシス』や『トランセンデンス』などの数年前に公開された作品では無線データ化された身体として表現され始めています。

これは現代人の身体観がデータや情報になりつつある現象の現れの一つです。

こうした無線化した身体観の広がりに従い、現実と地続きの身体は廃《すた》れていかざるを得なくなっています。

そのためか、「しゃがむ」「地べたに腰を据える」「正座する」といったことができなくなっている人が増えています。これは関節が硬いといった話ではなく、有線と無線の身体のジェネレーションギャップが生じているのです。

身体性の喪失の危機が感じられるから、今までにない新しい何かをして問題を解決したい。そういう衝動が起こっても、どうすればいいか分からない。分からないけれど情報だけは大量に出回っています。

だからこそ今の世では「これを食べれば健康になれる」「寝ている間に器具を付けていれば腹筋が鍛えられる」といった情報を自分の身体に当てはめようとする。

しかし、こうした「AをすればBになる」といった安易な正解の求め方では、「絶望感と行き場のなさ」は決して解消されません。

やはり「あの頃へ戻り過去を変えることはできない。でも私たちは過去から学ぶことはできる」という言葉が道標《みちしるべ》になると思います。

私が自分なりの道標を運よく知り得たのは、ひとえに三十五年にわたる武術の実戦経験があったからだと言えます。

私は武術家として中国、日本、東南アジアの武術を国内外で教えてきました。

それら武術の「型」なるものを稽古していると、つくづく型が提示している課題や死生観に絶望的な感覚を味わいます。

型は定形化されたフォーマットやパターンにすれば、「こうすればこうなる」といった

「AならばB、AをすればBになる」的な分かりやすい答えを、私たちが型に要求することもできます。

しかし、それでは武術においては前提中の前提となる未知に対して〝未知の中で後れを取らぬこと〟を約束してくれる稽古にはならない。

むしろ「型稽古」はすればするほど、できるようになればなるほど私の動きの無駄、問題点を提示してくれ、「やられているところ」や「まだまだできてないところ」の不利を教えてくれます。

きちんと型の要求に従おうとすると身動きが取れなくなるところが立ち上がり、「絶望的な行き場のなさ」に追い詰められます。

実戦時に〝動けなくなること〟、それは生物にとって死を意味します。

しかし、この上なく絶望的な状況を経験できることこそが何よりもの稽古になるのです。

世間で知られている武道、格闘技などのイメージとは違い、武術は「この技を用いれば必ず勝てる」ことを目指すのではありません。

そういうふうに「必ず」が付くのであれば、それは武術ではなく信仰です。

生き死にには、どれだけ「こうすれば大丈夫だ」と信じたところでどうこうできるものではないシビアさがあります。

よって武術において自分の流派やその技を信じることはあっても、最終的には有利を求めるのではなく不利な状況の中でも自分が使えたり、できたりしなければなりません。

武術の稽古は「A流、技Bを信じて用いれば救われる」といった信仰ではないからこそ、困難の最中にあっても踏み渡れる活路を自ら見出せるものになるのではないでしょうか。

対人の型であろうと一人型であろうと型稽古の厳しさは、「こうも動けないし、ああも動けない」とあらゆる期待といった「我」の働きが型に従うことで制限されることにあります。

四面楚歌で八方塞がり。絶体絶命の危機であっても、その我が儘《まま》の通じない「絶望的な行き場のなさ」こそが生きて行く上で最大の可能性になります。

それを武術は、稽古の中でそのことを教えてくれます。

これから私が綴《つづ》っていくことは、行き止まりに見える中での可能性についての話になると思います。もちろん、「こうすれば、すばらしい結果が出ます」といった内容ではありません。

単純な法則を期待する前に、まず私たちは「なぜ自分の感性や知性の源となる身体が観えなくなってしまったのか?」を知り、自らを省み、感じ、その感覚の意味を知ってゆく必要があります。

そして、日本で古《いにしえ》の身体観が失われてきた背景にある明治期からの近代化の影響と今なお続いているそこで起きた混乱の様子。さらには、かつての身体を取り戻すためにはどうすればいいのか、について語っていきます。

可能性と聞くと、パワフルに思うがまま自由に振る舞えばいいと理解する人も多いかもしれません。

けれども、それは「我＝エゴ」がもたらす希望的観測でしかなく、危機を脱する上では心もとないものです。

これからの時代は、エゴではない真の意味での個性が必要になってきます。

それは「型」によってもたらされます。

武術の稽古は型に従い動こうとするからこそ不自由になります。その型が強《し》いてくる不自由さを「いかに型を変えずしてクリアするか」が型稽古では課題となります。

現代人はそれを指して「型は個性を殺すのだ」と思いがちです。

そうではありません。

むしろ型は無駄な動きを消すように私を諭《さと》してくれ、我が儘に振る舞おうとする自分の我に方向性を与え、本当の意味での個性を伸ばしてくれます。

我を自意識と呼ぶこともできます。

「他の人とは違う自分でいよう」や、反対に「目立たないよう、他の人と同じ自分でいよう」とするのもいずれにせよ自意識の為《な》せる業《わざ》です。

追い込まれて後がなく、希望的観測など望めない状況であっても、いかにして一筋の光明を自分の中に発見し、動くべく機を捉えられるかどうか。

これはまさに個性の発揮のしどころです。

その個性の宿る身体が今は観えなくなっています。

なぜ、どうして観えなくなったのか。

この自分に向いている目がぼやけてしまった今、改めて自らに焦点を合わせ、自分の輪郭を鮮明に捉えるためには、武術、職人の技術、芸能などの古典から過去の教えを振り返る必要があります。

そこに今の時代を生きるためのヒントと可能性が眠っています。

これから、この書籍では、その絶望的な世の中での一筋の光明と可能性の話をしていきます。

身体の聲

目次

はじめに

第一章

なぜ昔の農婦は米五俵を担げたのか

米三〇〇キロを担いでいた昔の農婦――16
先人と私たちの間には「労働観と身体観の差」がある――18
伝説の強力・小見山正さんの逸話――20
五〇〇キロ歩いた旧制中学校の修学旅行――22
力とエネルギーを持て余す現代人――25
現代人のウェイト・トレーニングは身体に良いか？――27
「直接体験」ではない情報が生み出す、現状維持への強迫観念――29
身体への〝集注〟の仕方が違う――32
反射神経では考えられない動き――35
他者を通じて自分を見つめていく――37
効率を重んじる身体観が幅を利かせている――40

缶切りが使えなかったアイドル――41
刃物を凶器と結びつける現代人――46
経験的な足腰と肚がなくなった現代――48
足腰を取り戻すために――53
産業化で要請された姿勢――57

第二章

東洋文化と西洋文化を決定的に分ける身体観の違い

アメリカ、ハワイで体験したカルチャーギャップ――62
無時間のハワイアン――68
教育すると弱くなる人たち――74
文化と風習がもたらす先入観――81
ついムーブメントを「型」にしてしまう日本人の感性――88
韓氏意拳との出会い――93
動かず止まって待つ稽古「站椿」――96

中国でも「身体のジェネレーションギャップ」が起きていた —— 98
漢字的な身体観による教伝 —— 101

第三章

近代文明化した西洋の身体観に支配された明治以降の日本

「corps」を「身体」と訳した明治期の人 —— 110
キリスト教文明の身体観 —— 115
「精神主義＝spiritualism」というマジックワード —— 119
言葉のすり替えと身体の変容 —— 123
生活の中で無自覚に養われる「身の程」 —— 132
身体にはいくつもの層がある —— 137
本来は左右がアシンメトリー（左右非対称的）な身体の働き —— 141

第四章 気と健康と死を身体観から考える

昔、人々は、「人間は『気』で生きている」と考えていた――148
古の「気」は日常の生活の中にあった――150
生気論から気を理解し経験することが人間の未来に関わる――151
生気論における無と有、事と物――154
頭脳労働が多い現代人は普段から気血が頭に上がり逆行している――160
家畜としての身体から機械の身体へ――164
主観なしに客観が存在すると思っている現代社会――172
自信がないから抽象的な「客観的事実」に逃げようとする――177
健康は大事か？　死は不健康か？――181

第五章

これからを生きるための身体観

感覚経験上〝からだ〟はいくつもあると考えたほうが自然 —— 190
開眼の時代と閉眼の時代 —— 192
「これから」を生きるために「今まで」を見直す —— 194
人工知能などのテクノロジーがもたらす完全管理社会 —— 197
自閉する身体と共感 —— 205
身体的ジェネレーションギャップを埋めるコミュニケーション —— 214
次世代に継承すべきもの —— 219

おわりに

第一章

なぜ昔の農婦は米五俵を担げたのか

米三〇〇キロを担いでいた昔の農婦

米どころとして有名な山形県酒田市に「山居倉庫《さんきょそうこ》」という明治期に造られた巨大な木造の蔵があります。

その資料館の中に、農婦二人がそれぞれ米俵五俵を担《かつ》いでいる写真が展示されています。撮影された年代ははっきりとは分かっておらず、大正末期か昭和初期と言われています。

米俵一俵は六〇キロの重さがありますから計三〇〇キロです。

彼女らは軽々というわけでもなく、かといって重さにあえいでいるわけでもなく、やや腰を屈《かが》めた姿勢でしっかりと担いでいます。

ウェイトリフティングをしている人にその写真を見せたところ、「想像もできない……」と言ったきり、絶句していました。何らかの競技やスポーツに熟練している人たちも「あり得ない！」と口々に言いました。

また別の機会にその写真を披露したところ、ある人は驚きながらも納得するような表情を見せました。

その方のおじいさんは九州の大分で農家をしており、若い頃に隣村の農家の知り合いにこう言われたそうです。

「米をやるからうちの蔵から持てる分だけ持って行っていいぞ」

それを聞いたおじいさんは、「米俵を二俵担いで自分の住む村まで帰った」というのです。

今なら一二〇キロの重さの荷物を運ぶとすれば、たとえ近隣であっても自動車を使うのが普通でしょう。

ところが、米俵二俵を担ぎ、しかも数時間かけて運んだというのです。彼は子供の頃から聞いていたおじいさんの話を本気にはしていませんでした。

米俵5俵300キロを担ぐ女性（出典：『物流史談　物流の歴史に学ぶ人間の知恵』平原直著、2000年、流通研究社）

けれども、祖父の経験談を上回る重さを担ぐ女性の姿を見て、実際にあったことだと得心していました。

今の私たちにとっては、米俵一俵を持ち上げるだけでも一苦労でしょう。

しかしながら当時、米俵一俵を担ぐことは一人前の基準でした。これを六〇キロと定めたということは、成人なら誰もが当たり前に運べる重さだったからだと考えられます。

この「当たり前」に、私たちは「確かにそうだ」と共感を示すことはなかなか難しい。

先人と私たちの間には「労働観と身体観の差」がある

現代に比べて栄養価の低い食事をしていた人たちが、なぜそんな力を発揮できたのか。体格も今のほうがいいはずです。

まして筋骨隆々とは無縁の女性がなぜ三〇〇キロも担げたのか？

その理由は何かと言えば、「労働観と身体観の差」にあると思います。

昔と今とでは、それらが決定的に異なります。

だからこそ、先人にできて私たちにできないことが多々あります。

例えば、私たちは六〇キロの重さを「皆が軽々と持ち上げた」と聞くと、そうなるための特別なトレーニングが必要だと、まず考えはしないでしょうか？

ジムへ行って走って体力をつけたり、マシーンを使って筋力をつけようとする人は少なくありません。

一方、当然ながら江戸時代はおろか明治、大正時代にもそういう施設はありませんでした。それどころか筋力トレーニングという発想など、近代以前を生きていた人は思いつきもしなかったでしょう。

なぜなら、かつて身体は生活の中で養われるだけで、わざわざ鍛えるまでもなかったからです。

田畑を耕そうと思ってもトラクターはなく、人力か牛馬に頼るほかなく基本的には全て人手をかけて行いました。

また近代化の時代を迎えても、戦前は漁に出るのに手漕《てこ》ぎの帆掛け船が使われていました。

私のところへ稽古に来ている人の中に、二十代後半の若手の漁師がいます。

彼が乗り込む船の最年長の漁師は八十代で、その人が言うには「自分が駆け出しの頃、エンジン付きの漁船が初めて出回り始めた」そうです。

それより年下となると、いくらベテランの漁師でも手漕ぎで漁に出る経験はしたことがなく、またそうした漁の仕方を見たこともありません。

そのため今の若手の漁師にとってはエンジンのない船での漁となると、その労力たるや想像もつかないそうです。

八十年ほど前までは、何事にせよ身体一つで行うほかないのが普通でした。

けです。

そうなると機械労働に頼れないわけですから、日々の暮らしそのものが鍛錬になったわけです。

いや、現代人から見れば鍛錬でも、本人にとってはそれ以外の暮らし方がありませんから「普通のこと」でしかなかったでしょう。

もしも百年前に生きていた人に「普通、暮らしていくってそういうことでしょう?」と問われたら、今の私たちは返答に詰まるでしょう。

今と昔とでは生活様式と労働観、身体観がまるきり違うわけです。

伝説の強力・小見山正さんの逸話

先ほど紹介した農家のおじいさんは、人の倍も米俵を担いで帰ったことが自慢でした。ひるがえって言えば、筋トレなどしなくても、米俵一つくらいなら持ち運ぶのは常識だし、日常茶飯事だったのです。

その例として富士山の強力《ごうりき》として名を馳せていた小見山正《こみやまただし》さん(写真)の逸話を紹介します。

強力とは登山者の荷物の運搬を仕事とする人のことです。

強力が背負子《しょいこ》を用いると大量の荷物を運ぶことができ、一回の運搬量は一般に数十キロ～一〇〇キロ弱になったそうです。

多くの強力が活躍していた富士山や立山《たてやま》では一〇〇キロを超える荷物を背負って標高三〇〇〇メートル程度の高所まで登る者もいました。

そうした中、小見山正さんは一九四一年、登山道がまだ整備されていなかった信州の白馬岳山頂に、一八〇キロ以上の風景指示盤となる石を一人で担いで運びました。

風景指示盤を白馬岳山頂に運ぶ小見山正さん

そこまでの重さではなくとも、かつては都内でも「担《かつ》ぎ屋《や》」と呼ばれる中高年の女性たちがおり、野菜や米など背丈を超える荷を背負っている姿を見るのも珍しくありませんでした。

京成《けいせい》電鉄では彼女たち専用の行商《ぎょうしょう》専用車両も編成されていました。

そこで想像してほしいのです。

今で言う宅配便に当たる強力が一〇〇キロ以上の荷物

を運んでいるのを知っていたり、生まれてからずっと家族や隣近所の人たちが六〇キロの米俵を担いだり、背丈を超える荷物を運んでいたりする姿を毎日のように目にしていたとします。

そうなれば当然、自分もそういう生活をいずれするだろうし、できて当たり前だと思うでしょう。

そのような生活環境で物心つけば、それくらいの荷物を負い移動することが普通に感じられる感性が育ちます。

この現象を現代に置き換えれば、二歳にもなると親が教えたわけでもないのにタブレットをいつの間にか器用に扱えるようになるようなものです。

常識とは、そういうふうにして身についていくわけです。

五〇〇キロ歩いた旧制中学校の修学旅行

米俵、強力の話に続き、もう一つ驚くような前の世代の常識を紹介しましょう。

二〇一七年七月五日付の『毎日新聞』（ネット版）に、明治期の修学旅行に関する記事が掲載されました。

それによると一八九三（明治二十六）年四月に松江市の島根県第一尋常中学校（現・松江北高）が行った修学旅行では、生徒と教師八一人が約五〇〇キロの行程のほとんどを徒歩で通したというのです。

にわかには信じられません。けれども、事実に違いないのは、当時まだ修学旅行が珍しかったと見え、地元の新聞記者が同行していたからです。

修学旅行行程図
破線が徒歩のコース（『伯耆文化研究』第18号より）

生徒らの出で立ちは「木綿の筒《つつ》袖《そで》、はかま、制帽、脚半《きゃはん》、草履《ぞうり》、布鞄」と推測され、その格好で修学旅行初日に残雪の四十曲峠《しじゅうまがりとうげ》（七七〇メートル）を越えたと言います。

一行は十日間にわたって島根から鳥取、岡山、香川、広島県を巡り、旅程の約四分の一は、汽船や川舟、鉄道を利用した以外は徒歩で移動し、時に深夜や未明に出発することもあったそうです。

交通機関に頼れない、まして今のようにアスファルトで舗装されていない道を歩き、時に山を登り、約五〇〇キロを「踏破《とうは》」したのです。

『毎日新聞』の記事は、「百二十四年前の生徒たちは現在では想像できないほどの健脚ぶり」と綴っています。

全員が余裕で歩き抜いたわけではないかもしれませんが、その旅程を計画したということは、「十日かければ五〇〇キロくらいなら歩ける」という常識が、当時の世の中には共有されていたということでしょう。

昭和世代の私の叔父も、「山を越えて二時間かけて学校へ通った」と言っていましたし、似たような話は、日本全国でありました。

毎日往復に四時間かけて山道を歩くことからすれば、修学旅行で約五〇〇キロを歩くなど、特別な労力に感じないかもしれません。

このような逸話を知るにつけ思うのは、「比べられない幸せ」についてです。

仮に今の私たちが明治期の修学旅行と同じことをしようとしたら、格段に苦しい思いをするでしょう。

というのは、「自動車が、新幹線があれば楽に行けるのに」「瀬戸大橋を電車で渡れたら大変な思いをしないでいいのに」と選択の可能性について考えてしまうからです。

それにしても身体を使わなくて済む生活が当たり前になると、こうした前の時代の常識は「そんなことができたなど信じられない」としか感じられないようになります。

そのため先ほどの記事中にある「健脚」についても、今の私たちに理解できる筋力で捉えようとするでしょう。

しかし、そういう問題ではありません。

力とエネルギーを持て余す現代人

おそらく、当時と今とでは歩き方からして違うはずです。

けれども現代を生きる私たちがそうであるように、百二十六年前の学生たちは「こういう歩き方をしよう」として特殊な方法で歩いていたわけではありません。

その時代の感性や感覚に従って歩いていただけです。

それらの身体観の延長にある常識が約五〇〇キロを歩くことを可能にしたわけです。

そうした感性や感覚に対して、私たちは無自覚であるがゆえに生活様式や文化が移ろってしまうと、以前の常識を特殊に感じ「健脚」と呼ぶほかなくなってしまいます。

現代における常識というと、やはり身体より頭を使うことになります。

仮に身体を使った仕事であっても、スマホやパソコンに向かわない日はないでしょう。暮らしていく上でも身体を用いずにボタン一つ押すか、あるいは画面をタッチするだけで、風呂や煮炊き、買い物ができる社会になりました。

その社会形態が身体観に大きな影響と変化を与えています。

便利で快適な生活になったことにより、労働とそこに注ぐ労力が分断されるようになりました。

現代は、デスクに向かう「頭脳労働」か、「感情労働」と言われるような人と対面するサービス業を長時間にわたって行うといったものがかなりの割合を占めます。

酷な環境はあったとしても、重いものを運んだり、延々と槌《つち》を振るうといったような身体を使った激しい労働はほとんどありません。

そういうことは機械が代替してくれるようになりました。

そこで何が起きたかというと、労働にさほど労力を必要としなくなったため、今まで何千年もの間、人間が費やしていた労力がエネルギーの行き場を失ってしまうという事態です。

近代文明化が進む中で言われ始めた〝三度の食事をきっちり摂《と》らないと身体がもたな

い〟といったような食事法や、その蓄えた力を全て出し切るような働き方は、近代化した都市生活ではほとんど登場する機会はありません。

たいていの肉体労働は機械がやってくれるからです。

解消することのできない力とエネルギーを持て余しているのが実情で、これこそがテクノロジーが発達した社会における常識的な身体のあり方なのです。

現代人のウェイト・トレーニングは身体に良いか？

そうなると　現代人がなぜウェイトや近代的なトレーニングに価値を置いているかも分かってきます。

本来持っているエネルギーのポテンシャルを昇華《しょうか》し確認したいという思いがそれに向かわせているのではないでしょうか。

「本当ならこれだけのエネルギーを私は持っていて発揮できるはずだ。このエネルギーと力を発散したい」という本能的な身体欲求としての衝動が生じたとも言えます。

そのため現代人は仕事や労働以外にエネルギーを発散させ、クタクタになれる場所が必要になってきました。

だから、わざわざ休日や休憩時間にジムに出かけてウェイトを持ち上げる、走り込むなどのトレーニングをすることでエネルギーを昇華させようとします。

後述しますが、私はかつてハワイで十年余り暮らしていました。

そのうちの二年ほどは、当時のアメリカで最新式と言われたウェイト・トレーニングを徹底して研究し、実際に行っていました。

始めた当初は以前よりも重たいものを持ち上げられるなどの効果が現れ、重りを持ち上げる際の一方向に対する力の出し方も身につきました。

けれども、しばらくすると武術の稽古中に突き指を度々するようになり、また肩関節を脱臼するなど節々が弱くなっていきました。

私の経験上からの感想を述べますと、多様な方向から力がランダムに加わってくる武術には、ウェイト・トレーニングより優れた練習方法がたくさんあります。

一般的には、ウェイト・トレーニングは身体に良いと言われてきました。確かに筋肉のついた逆三角形でシンメトリーの体型は見た目は強そうです。

しかし、身体と気持ちの内実はそれとは真逆に壊れやすく、どんどん弱くなっていきました。

よく怪我もすれば、風邪もひきやすくなる。しかも、どちらも治りにくくなりました。

そんな時、ジムに通う人やそこで働いている人は、「そういう弱さを克服するにはこれがいいよ」と最初はサプリメント、後にステロイドやホルモン剤を勧めてきたのです。筋力を鍛えることによって得られる強さの究極は、薬によるドーピングという補完物が欠かせない。それが当時のトレーニング界隈での常識になっていたのです。

行き着く先は薬物だと分かったその日を境に、私はアメリカでの近代トレーニングを止めました。

「直接体験」ではない情報が生み出す、現状維持への強迫観念

ウェイト・トレーニングによって肉体改造を行い、理想の体型に近づき、自信をつけようとする。けれどもその自信の維持には、いずれサプリメントや合法・非合法な薬物が伴う。

こうしたサイクルは、現代人の健康や美容、医療に対する態度にも見られます。

つまり「メディアが発信する情報を参照しないと自分のことが分からない」という考え方がアメリカでも日本でも浸透しています。

私たちの暮らしは自然と直に結びついていません。情報が必ず間に挟まっています。

行ったこともない土地、経験してもいないことをスマホやパソコンで知ることができま

す。海外で今起きていることを、現場から離れた場にいながら見て知ることができます。また、自分でいろいろ試さずとも、結果を前もって知ることもできます。しかも、それが本当に今の自分に必要なのかどうかを問う前にです。

あらゆることに人手をかけていた時代なら、自ら体験したこと以外の情報は極めて少なくて済みました。

そして何より他人の経験結果から判断することをせずに、早い段階で自分で試してみたことを基軸に自分に何が必要かを判断していました。

現代において私たちが「現実」と呼んでいるもののほとんどは、直接の体験ではなく、情報や概念で構成された体験の記憶を指すようになっています。

ウェイトなどの近代的なトレーニングも、一見すると身体を使ったリアルな行為のようですが、実はそうではありません。

それは「こうすれば理想の身体になれる」という情報とイメージの実現を追求しているからです。

非常に概念的で観念的な「頭で思い描いた自分のイメージを身体に押し付ける」行為です。

だからトレーニング依存性になる人も多いのでしょう。

なぜかと言えば概念や観念というのはいくらでも頭の中で膨らませることができる上に、現実と関係なく想像の枠を広げてしまえるからです。

実際、トレーニングに取り憑《つ》かれた人は、「一日でも休んだら筋力は衰える」「トレーニングを毎日行わないと現状維持できない」「パフォーマンスが落ちる」と思いがちです。

それは「現状維持」「休んだらダメになる」「自分は落ちていく」などの強迫観念によって惹き起こされた不安で、頭の中で概念化された気持ちです。

なぜなら、ここで言う「現状維持」は過去を観念的に固定化し、その持続を試みているに過ぎず、「トレーニングしないと『これまで』という持続してきた過去がなくなる」という不安から、つい翌日も同じことをしないといけないように感じてしまうわけです。

この手の不安は、現代人の身体観の特徴と言えます。

「よし、明日もまたやろう」という取り組みが、前向きなもので、しかも「有無を言う間もなくやりたい仕事や、本人が必然性を感じる労働」に向かうならまだいいでしょう。

例えば田んぼを耕さないと来年の米が収穫できない、それは試みるしかない。やってみないと分からない不安になりようもないくらいの切実な現実です。

そこに意気込みが向けられたら、実りもあるでしょう。

けれども自分の強迫的な思いを慣習化されたトレーニングに向けたところで、そのような不安が解消することはありません。むしろ増幅するでしょう。

それでトレーニングに取り組んだところで、確認できるのはせいぜい筋肉の太さと持ち上げられるウェイトの重さくらいです。

このようなトレーニングでは、他人の主観や世の中の客観による価値観で思い描いた理想的な身体を得ようと強迫観念や不安に駆られはしても、自身の存在に目を向けることはほとんどありません。

身体への〝集注〟の仕方が違う

古典芸能や伝統工芸に携わる人が共通して言うことがあります。

それは「昔の人の技のレベルを再現できない」です。

着物の染めの職人の世界では、二代前のレベルにさえどうあがいても辿り着けないそうです。

職人は評論家と違い、実際に物を作るわけですから、やってみれば歴然です。

ここでの嘆息は、「昔は良かった」というようなノスタルジーでも、妙なへりくだりでもなく、事実として精妙さが消えてしまったことの表明なのです。

では、先人の技のレベルとはどういったものだったのでしょうか？

東京都世田谷区の三軒茶屋に土田刃物店という、知る人ぞ知る店があります。

先代の土田一郎さんは明治から昭和にかけて不世出の道具鍛冶《かじ》といわれた千代鶴是秀《ちよづるこれひで》のもとへ通いつめ、様々な道具も一目で秀作かどうかを見抜ける人です。

その土田一郎さんの跡を継がれた土田昇さんが、玄翁《げんのう》鍛冶として著名な職人のもとを訪れた時のことです。

玄翁は鑿《のみ》を打ち込む時に使う道具ですが、これを作るのに赤く熱した鋼《はがね》の塊を槌で打って玄翁にしてゆくためには、大きくて重い鋼の台、金床が要ります。

そして、その金床の表面も玄翁の表面と同じように硬くするため焼き入れをするのですが、三〇キロか四〇キロもある鋼の塊をどうやって焼き入れするのか、土田さんが尋ねたところ、「玄翁と同じだよ」と答えられ、とても信じられない顔をしていると、この職人は金床を挟む特大の火箸（ヤットコ状の道具）を持ってきて、金床を挟み、片手でヒョイと持ち上げたそうです。

この重い金床を直に手で持つのなら、持ち上げられる人もいるでしょうが、ヤットコ状のもので横から挟んで持ち上げるとなると、大変な重さがかかります。

この職人は恐らく体を上手に使って、感覚的には無理なく持ち上げたのだと思います。

このような力の発揮の仕方が現代人に難しくなっているのはなぜかと言えば、身体への〝集注〟の仕方が今と昔とでは全く違うからです。

私たちは頭で描いたイメージで身体を動かそうとしたり、自分の身体に頭が命令して何か行おうとします。

頭が優位になっており、肩より上のほうばかりに注目を向けがちです。そういう時に起きるのが頭の「集中」です。

しかし、職人の世界は手足を用いずに頭だけであれこれ考えたところで何も作れませんし、ものの役には立ちません。

必要なのは学校で言われるような勉強をする時の集中ではなく、身体に生じる〝集注〟です。

これは日本の伝統芸能や武術などでは身体の下のほう、肩より肚《はら》や足腰に〝集注〟が向かいます。

頭でイメージを描いてそこに向けて物事を行っている時、身体の下のほうへは気がなかなか向かず疎《おろそ》かになっています。

そうではなく肚や足腰に気が沈んでいたからこそ、それが鉄の塊をひょいと動かす力として現れたのでしょう。

反射神経では考えられない動き

今度は武術を例にとってみます。これは武術研究家の甲野善紀《こうのよしのり》先生から伺った話ですが、江戸時代前期に仙台藩の剣術指南を務めた松林左馬助《まつばやしさまのすけ》という武士がいました。

この人はなかなかのユーモアの持ち主で、「隙があったら驚かせるようなことをやっていい」と弟子に常日頃から言っていました。

ある日、川べりを歩いていたら、弟子が「今だ」とばかりに左馬助を川に向けて突き飛ばしました。

まんまと成功したかと思いきや、左馬助はそのまま川をひょいと飛び越し、しかも弟子が気づかぬうちに差していた刀を抜き取っていたそうです。

また、左馬助は晩年、将軍家光の前で演武をしており、その際、斬りかかってきた相手の刀に飛び乗り、袴《はかま》の裾が御殿の庇《ひさし》に届くほど舞い上がったそうです。その様子を見た家光は「蝙蝠《こうもり》のようだ」と褒め称えたことから、蝙也斎《へんやさい》と名乗ることとなりました。

時代はくだって戦後になっての話を紹介します。

私が中高生の頃、地元の道場や武術関係者の間で語られていた話です。

岡山には日本の柔術の源流の一つと言われる竹内流柔術があります。その師範であった明治生まれの藤田金一《ふじたきんいち》先生について、このようなエピソードがあります。

岡山武道館の近くを藤田先生が自転車に乗っていたところ、車にぶつけられました。

その時、自転車はぐしゃぐしゃに潰れ、事故現場を目撃した周囲が驚いて「乗っていたおじいさんは？」と見回すと、ぶつけられた地点と反対のところに藤田先生は立っていました。

目撃者の証言によると、車が衝突した瞬間、空中でフワッと回ってストンと立ったそうです。なんの準備もなく、とっさにそれができるかどうかで一命の行方《ゆくえ》が決まります。

また竹内流には多くの逸話が地元岡山では残っています。

江戸期のことですが、竹内流の代替わりの折に実力不足と言われていた宗家《そうけ》後継者が修行の果てに、地元の郷に戻り実力を同流の者たちに見せるために木刀《ぼくとう》で立木を真っ二つに割ったと言います。

どれもこれも現代の常識や、筋力と反射神経で説明する近代的なスポーツの観点からは信じられないものばかりですから、嘘か尾ひれのついた話だと捉えるのがせいぜいかもしれません。

けれども、将軍家光の前での演武が偽りとして語られたり、岡山藩や津山藩で指南役を務めていた竹内流が代を継ぐために門弟一同の前で演武した内容が嘘である可能性は低いと考えられます。

おそらくどれも事実ですが、現代人の多くがこれらのエピソードを「あり得ない」と感じてしまうのは、現代と身体の常識がまるで違うからです。

どうがんばっても現代人がかつての武芸や工芸、芸能のレベルを再現できないのは、身体へのアクセスの仕方である集注観と身体そのものが変わってしまったからです。

だから、いくら努力して自分の中を掘り下げても、百年、二百年前に生きていた人たちの「その当時の身体を通じて感じていた風景や環境」につなげられないのです。

他者を通じて自分を見つめていく

私たちの身体の捉え方を考える上での一つの典型として、格闘技を例にあげます。

会場が一番沸くのは選手同士の壮絶な殴り合いが行われる時です。

何に興奮しているかというと、選手が「倒れろ」という気持ちを互いに躍起になってぶつけ合っている様《さま》にです。

とにかく相手への働きかけに懸命になっている。

観客はその光景に手に汗握り、強く共感を覚えるわけです。

しかしながら、古《いにしえ》の武術をはじめ芸能や工芸になると、まず重きを置かれるのは相手ではありません。

相手を通じて自分を省みることが何より大切です。

その他者を通じて自らを省みる行為は私たちの「他者性」から生じます。

他者性とは、「相手に対して何かやってやろう」と、自分の力を外に向けて働きかける行為ではなく、自分ではコントロールできない他者を通じて自分を見つめていくことを言います。

他者性と聞くと、今の人は「他人が自分についてどう考えるか」を気にすることだと思うかもしれません。ですが、そうではありません。

突き詰めて言えば、他者は自分の内外にいるコントロールしようのない存在です。

また、他者とは自分を省みさせてくれる存在です。

そして、武術では自分の内面を観て、動機が発生し、何事かを行った時、結果として相手に作用が働くといった現象が生じます。

これは、相手をコントロールしたり、相手の様子を窺《うかが》ったり機嫌を伺うことではありません。

なぜかつての技芸が精妙であったかというと、「こうしたからこうなった」というような、短いスパンで原因と結果を説明できるような、分かりやすい論理にはならないからです。

現代に生まれ育った私たちはそこに不可解さを感じるかもしれません。

それは、他者性というものを人間相手だけで考えるから不思議に思えるのです。

人間相手だと言語による応答がありますから、言葉ですぐに説明のつく関係性があって当然という思い込みが生まれやすいのです。

例えばサーファーのように、日頃から人間がコントロールできない自然を相手にしていれば、「何かを通じて自分を省み、対象を通じて自分を観る」ことの大切さを理屈ではなく、本能と体感で分かっていると思います。

サーフボードから落ちまいとして、波を相手にいくらがんばったところでどうしようもありません。

まして「これまでがんばってきたのだから」とか「うまく乗りたい」と、一所懸命に気持ちを相手に伝えたところで波は期待に応えてくれません。

自分にできることは、今の自身の状態と状況を観ることだけです。

そうすれば波との関係性が築け、働きが生じます。

すると、スッと波に乗れたり、次にどこへ向かえばいいかも観えてきます。

効率を重んじる身体観が幅を利かせている

これは何も特別なことではありません。

近代文明化以前には、自覚の有無とは別に誰しもそのように自分の身体を観つめる力を持っていたと思います。なぜなら生活のあり方が人手と時間をかけるほかなく、機械で作業を一気に片付けられなかったからです。

なかなかエレベーターが下りてこないとボタンを連打する。そんなことをしたところでエレベーターが速くやって来るわけではないと分かっていても、ついやってしまいます。またパソコンのマウスなども同じくそうです。

暮らしの中で「過程をショートカットできて当たり前」といった、効率を重んじる身体の感性と考えが今の社会では幅を利かせています。

そのためイライラして「なぜ早く来ないんだ」と思ってしまうのも正当性があるように感じられます。

己を観つめるより対象に問題を見出し、解決策を考えて自分の外に働きかけることが正しいという発想です。

それに比べて、「今自分にできることは限られており、必要に応じた時間の中でしか物事は進まない」ことを当然とした暮らしであれば、外の世界や情報に対してでなく自分の身体のほうへ自然と集注が向いていきます。

そのような環境では、身体で行うことは必然的に繊細になります。

今の時代にひたすら要求されるのは、そうした自分の内側や身体への注目ではなく、頭脳による外の世界から入ってくる情報処理です。

現代社会の仕事は人工的に作られた情報をどれだけ頭で整理するかが重視されています。

比べて田畑を耕し、重たい米俵を担ぎ、草履を作り、織物も作れるといった繊細な手足の動きと身体の集注観のあった時代の感性をどれだけ技術面から追求しようとも、今の時代のベースとなる身体観と環境が違うのだから、再現できないのは当然だということが理解できると思います。

缶切りが使えなかったアイドル

かつては、生まれ育ったコミュニティの限られた空間で生活するのが当たり前でした。

移動手段もあまりなく、自分の暮らしと関わりのない情報に接することはほとんどなく、目線は外ではなくコミュニティの内側や自分に向かわざるを得ませんでした。

その文化への向かい方が、農法や茶、書、宗教、武術といった形をとったのではないかと思います。

集注を自分に向ける上で道具の存在も欠かせません。

スーパーやコンビニのない時代は味噌や漬物、餅なども手ずから作っていました。一人で作れないなら近隣に住む人たちと協力し、樽《たる》や杵《きね》、臼《うす》といった道具を使って作っていました。

それらの作り方を教わるにも、作業や道具を媒介してコミュニケーションをとったほうが、自分にとっても理解しやすいし、教えるほうも伝えやすい。

ところが、今は手作りする必要もなく、ましてそれらに必要な道具も家に常備されてはいませんから、道具を通じたコミュニケーションをとることも難しくなっています。

当然ながら道具の使い方から伝わっていた身体性や身体観の共有もかないません。

たまに餅つきで杵や臼を扱うとなると、どうにもしっくりこないギクシャクした動きになるのは、身体のジェネレーションギャップがあるからです。

杵なら杵を扱っていた時代の身体観があります。

今はどこを持てばきちんと餅がつけるか、そのためにはどう腰を定めればいいかが分からなくなっています。
だからといって、ギャップを埋めるやり方が現代人の発想のままだと、杵を持つにも筋
力を鍛えればいいということになりかねません。
身体のジェネレーションギャップのサイクルは、かつて五十年単位だったとすれば、近
頃は五〜十年前後に早まっていて、これからはさらに三〜四年になっていくのではないで
しょうか。

先日、深夜番組を見ていたら、あるアイドルグループが「やったことのないことをやろ
う」という趣旨のコーナーで、缶切りに挑戦していました。
ほとんどが一人で缶を開けた経験がないのだそうです。
彼女らの取り組む様子を見ていると、番組上の演出からおそらく実際はやったことはあ
るけれどうまくできないふりをしている子もいましたが、明らかに初めて試した子たちも
いました。
というのは、缶切りを手に取ってテコの要領で開けようとしても、力加減が分からない
ため全く開けられなかったからです。
真剣に缶を見て、「こうかな」といろいろ試していました。

缶切り一つとっても、それに必要な生活観と身体観があります。

おもしろかったのは、蓋が開いた瞬間、当人だけでなく周りも「すごい！」と感動していたことです。

テレビ番組なので脚色もあるにせよ、缶を開けたくらいで感動しているのは、それだけ生活様式が道具の使用から離れているせいでしょう。

同時に、それは彼女たちの世代が、普段から自分の手足を通じて力を用いる機会が少なくなったことを物語っています。

その後のトークの内容が、彼女らと親との関係に及びました。

そこで分かったのは「お母さんが全部やってくれるから自分でやらなくていいし、やることも決めなくていい」というような家庭環境で育った子もいたことです。

缶を開けた経験がないのは、親が家事の全てを行い、手伝わせなかったことが関係しています。

洋服も「最近になって自分で買えるようになった」という子もいました。

それでさえ、選んだ服を写真に撮って親に送り確認してもらうといった調子で、決定権は親にあるのだそうです。

皆が皆ではないでしょうが、彼女たちのその主体性のなさは何に由来するのでしょうか。

便利に暮らしていける環境が楽に生きることを可能にしてくれた。その反面、何にも実感を得られず、体験から学ぶこともさほど必要としない。そういうことの積み重ねの中で自分という存在の空しさを早々に悟ったせいではないかと思います。

けれども、そう簡単に自分の人生を諦めきれるものではないから、どこかで自分の欲求を抑制しているのだと思います。

「実は私は自由自在にやりたい」という思いが根底にあるから、缶を自ら開けられただけで感動する自分が存在するわけです。

社会や家庭の形態が子供らの経験を阻むようなあり方をしているのだから、本人たちはどうしようもありません。

情報としてはいろいろなことを知ってはいても、自分が何に心動かされ、どういう時に思わず身体が動くのか経験していないから分からない。

「缶切りなど誰でもできるじゃないか」と思う世代からすれば、缶が開けられない人たちの感覚など想像もつかないでしょう。

けれども、同じように百年、二百年前の人は同じ感慨を現代人に対して抱くのではないでしょうか。

「普通の人なら米の一俵や二俵くらい持ち上げられるだろう」と。

刃物を凶器と結びつける現代人

缶切りが使えないのと同じ現象が武術の世界でも起きています。

道具を介して人とコミュニケーションをとる身体性のあった世代が作った武術を、日常的に道具を使う機会を介さずにしようとするのですから、習得するのはかなり難しいし、行き違いが生まれて当然です。

実際、剣道ではそういう現象が起きており、竹刀《しない》の用い方が刃物で切る所作ではなく、棒で「叩く」動作になっています。

江戸時代に竹刀が発案されたのは、一つは硬くない〝しなる〟竹刀を用いることで難易度を上げ、その〝しなり〟があるものでも真剣と同じくらいの刃筋を立てて、〝しならないよう〟用いることが目的でしたが、後に真剣や木刀を用いての稽古は危険という理由へと定説が変わっていきました。

本来はそうではなかったのは、先述したように江戸時代の一部の流派では木刀や竹光《たけみつ》（竹を削って、刀のように見せたもの）で巻き藁《わら》や立木の試し切りをした記録も残っていることから分かると思います。

そこまですごいレベルの話はさておき、当時は皆が日常で刃物を使うことを普通と感じた時代でした。

そのような身体観と感性を基に竹刀は発案されています。

無論、その時代の人間は普段から刃物を生活の中で使い、武術家ならば竹刀を刃筋を立てて剣のように使うことができました。

ですから、いくら現代人が「竹刀を剣のように扱え、真剣だと思って使え」と普段から刃物を使わない人たちに昔の教えを言ったところで観念的な掛け声にしかなりません。

当たり前のように刃物や真剣を使っていた人たちと、持ったこともない人とでは竹刀の操り方が違うのは当然です。

そうした生活観の違いと身体のジェネレーションギャップは、ものの考え方にも影響を及ぼしています。

普段の暮らしの中で道具を使うことが少なくなったため、ナイフや刃物と聞くと今ではすぐに凶器を連想する人も少なくないでしょう。

刃物はもともと生活用具で、草木を刈ったり、魚や獲物をさばいたり、菜を切ったりといった生活のために作られ使われていました。

ただ、平常が一変して非常時を迎え、争いや戦いが生じた際には、鉈《なた》やナイフ、山刀《やまがたな》、鎌という普段の生活用具が武器化しました。

戦いのために武器を用いる技術が発展したとはいえ、武術における争いの目的はそれを収めるためにあります。

未来永劫《みらいえいごう》続く戦争を誰もやりたくないし、今も昔も同じく家族や身近な人たちが巻き添えになるかもしれない争いはしたくない。誰しもが戦争のない平和で普通の生活がいいわけです。

したがって武器には用いる時と収める時があります。

それを逸脱すると武器が凶器になります。

私たちが刃物を凶器と結びつけてしまうのは、やはり生活の中で道具と身近に接しなくなっているからだと言えます。

そして、道具を使わなくなったことは、足腰の消失と深いつながりがあります。

経験的な足腰と肚がなくなった現代

今は椅子に座ることを普通にしていますが、かつて日本では人は地べたに近いところで生活していました。

便所で用を足すにも、洗濯や風呂の焚きつけをするにも、しゃがんだ姿勢で行いました。また田植えをするなら中腰《ちゅうごし》です（写真）。

特にこの中腰の高さをとるのは、現代人にとって苦行でしかありません。仮に、この姿勢で朝から夕まで作業しろと言われても到底無理でしょう。

中腰の姿勢は「空気椅子」のようなハードなトレーニングとしか感じられないからです。

かつては普通にできた所作が、なぜ現代人には苦行かトレーニングになってしまうのか。その理由は経験的な「足腰」がなくなっているからです。

中腰の姿勢が普通だったかつての日本の農作業（写真提供：古殿町）

なお、ここで述べている「腰」は解剖学的に存在するものではありませんし、腰椎《ようつい》のことでもありません。

腰に限らず、足も肚も感覚経験です。

地べたで煮炊きをする。鍬《くわ》を振り上げ振り下ろす。生活様式の中で培《つちか》われた感覚に基づいた身体への名付けが「足腰」です。

例えば、「腰はどこか？」と尋ねると、くびれのあたりを指す人が増えています。それはウエストであって西洋の身体観です。

また肚も腹筋のあたりを示す人が増えています。経験的に丹田《たんでん》は肚のあたりで、加えて言うなら肚や丹田は足裏が土に接するところまであると言えます。

ちなみに腕も今では肩から手首までを意味していますが、伝統的には臂《ひじ》から手首の間のちょうど着物の袖から顔を覗かせていた部分です。

それぞれなぜそう呼ばれるようになったかは、解剖学的に説明できません。あくまで文化的な感覚経験だからです。

足腰の消失を正座を例にとって説明します。

正座というとすぐに痺《しび》れを切らして苦痛に感じる人が増えています。苦痛を感じて当たり前の座り方だと思う人がほとんどでしょう。

けれどもそうかと思えば、一昔前は電車の中でおばあさんが座席の上にチョコンと正座している姿をよく見かけたものです。

なぜわざわざ正座をするかといえば、楽だからです。

椅子やテーブルといった家具がなく、正座を当たり前のようにしていた時代には、足が痺れていたら生活できないわけです。

そうなると痺れが切れる現象は最近になってからのことではないでしょうか。

そう思ったエピソードがあります。

私のところへ習いに来ていた方で三味線を稽古している四十代の方がいて、その人の師匠が六十代、さらにその師匠が八十代だそうです。

八十代の先生は稽古の時は一日中正座をして教えています。そこからスッと立ったり座ったりします。

六十代の師匠は膝が痛むこともあるそうで、足を崩す必要があり、また痺れが切れることもたまにあるそうです。

四十代の方より下の世代になると、稽古中の正座は「きつい」「痺れが切れる」と言うそうです。

またカルチャーセンターで行われる三味線のクラスなどでは全員椅子に座ってもらうとのこと、正座が必須だと生徒が集まらないそうです。

「足腰がある」というのは、どんな格好をしても足先まで気持ちが行き渡っていて、足腰の経験が細部まで消えていない状態です。それなら痺れは切れません。

私たちは小学校から高校を卒業するまでの十二年間、一日の大半を椅子に座って生活しています。

一番物事が身につく時期に、手と頭だけ使って足腰を消していく、弱くしていく練習を普通に十二年間もやっているわけです。

そうなると、足腰の経験がなくなっても当然で、意気地《いくじ》のなさを表現する「腰抜け」や「へっぴり腰」という言葉を聞くことも稀《まれ》になっています。

つまり、抜けたりへっぴる腰もないくらい足腰が消えてなくなっているとも言えます。身体の腰が抜け、足が萎《な》えている日々を送っていては自分から積極的に行動し、局面を切り開いていく力など湧きようがありません。

人は足腰がないと根本的な自信が持てないものです。

自分の肩を楽に胸は抜き、腹を通り肚まで下り、その肚を足下までゆらりとし、腰を入れて二足で立ったり座ったりする。この基礎が自信につながります。

それがないから現代人は、他人の意見や評価の中で自分の立ち位置を定めたがるのでしょう。

地べたに座っていた人々が明治になって西洋化の影響を受けるようになり、戦後の高度経済成長期に多くの人が和室の家を古臭く感じ、新しく建て替え、椅子に座る暮らしをするようになりました。

その変化は生活観と身体観にかなり大きな影響を与えたはずです。

椅子は古い時代からありましたが、だいたいは床几《しょうぎ》のように背もたれがありませんでした。ここは重要です。

現代人は椅子に深く座り、背板に身体を預けることに抵抗を感じないでしょう。

しかし、地べたに座っていた時代の人は、座面に深く座り、背をもたせかけることに居心地の悪さを感じたと思います。

その姿勢では、足腰が用をなさなくなってしまうからです。

足腰を取り戻すために

かつては、椅子は身をもたせかけるためではなく、端っこに少しの間腰掛けるために利用したのがせいぜいだと思います。

その姿勢だといつでも立ち上がれます。

座るというのはしゃがむ途中の格好をしていると言ってもいいかもしれません。

そもそも、ずっと一つところに座り続けることは、学校制度が導入されるまではほとんどなかった習慣でしょう。

じっと座っていたら勝手に料理が出てくるような社会形態が今のように普通にあったわけでもなく、ましてや機械が自動的に物事を処理してくれるわけではないので、常に自分の手足を動かして料理の下ごしらえから家や庭の整備、薪《まき》割り、本業の仕事の作業などを自分でしないといけない。

寝ている時以外は動いているのが普通だったと思います。

「足腰がなくなった」と言われたところで、すぐにはピンとこない人もいます。

そこで私の稽古会では、足腰を自分で知ってもらうために「立ちしゃがみの稽古」や「正座、静坐か坐法の稽古」「蹲踞《そんきょ》の稽古」をしてもらいます。

そうすると、まず「立ちしゃがみの稽古」で踵《かかと》をつけてしゃがむことができない人や股関節の割れない人がいます。

できない人はできる範囲でしゃがんでもらい、そこから自分の足や腰に気を向けてもらいつつ、ゆっくり立ちしゃがんでもらいます。

ただし、これはスクワットのような筋トレではなく「足腰ってこのことか！」や「これが足腰と肚か！」という発見をしてもらうための稽古体験です。

筋トレではないというのは、立ち上がるにも身体に伴う順序があるからです。

太ももに力を入れてヨイショと立ち上がるのでは、その過程を端折《はしょ》ることになってしまいます。

それでも立ち上がっていく際、ちょうど中腰あたりの高さになると、慌てて立ち上がろうとする人が多い。ここが現代人が一番きつさを感じる高さだからです。要《かなめ》になる姿勢なので、足腰のない自分に慣れている人は、そこをショートカットして立ち上がり、一気にいつもの自分に戻ろうとするのです。

立ちしゃがみの体験は、きついのは確かです。かといって苦でもないのは「今までこんな感覚になったことがない」と、その発見に喜ぶ人が多いからです。ただ辛いのではなく、改めて自分の身体の存在感が確認できる。その嬉しさがあるようです。

普段からウェイト・トレーニングやトライアスロンをやっている人でもしばらく立ちしゃがみの稽古をしただけで、足がガクガクになります。

「これは筋力の問題でしょうか？　筋肉が足りないのでしょうか？」と不思議そうに尋ねます。彼らの足は太く大きく、ウェイト・トレーニングやトライアスロンで使う筋肉と筋力は、私よりありました。

しかし、自転車を漕いだり、泳いだりと近代の生活で養われた身体と、武術で稽古する時に必要とする身体は違うのです。

立ちしゃがみのほかに、古の身体を経験するにはどうすればいいかと言えば、茶や花、舞といった昔から伝わる作法や型、所作《しょさ》をやってみるのがいいと思います。

所作で言えば、交流のある曹洞宗の僧侶、藤田一照《ふじたいっしょう》さんに教えていただいた五体投地《ごたいとうち》が現代人には非常にいいのではないかと思います。

これは身体を折りたたんで両手と両膝、額を地面につけて仏を礼拝する所作です。オフィスや電車、車と一日を座って過ごすことが大半のため、身体が縮こまっている人も多いでしょう。

五体投地においては、各関節の可動域を最大限に伸ばしたり縮めたりする行為を繰り返します（写真）。

生活の中で共有されていた動きが、文化圏や宗教によって異なってはいても、チベット仏教や禅宗、儒教、カトリック教やイスラム文化の中でも「しゃがんで膝と頭を地面につけてから立つという所作」が共通して見られます。

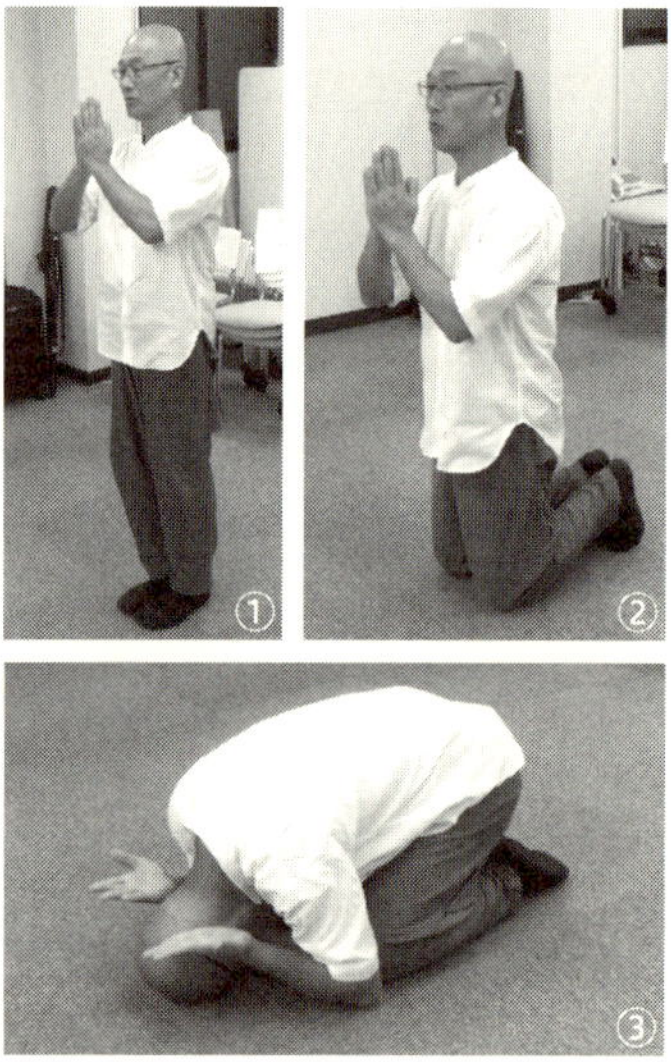

五体投地（写真は藤田一照氏）

おそらく全身をたたんで伸ばす行為で膝や腰、股関節を曲げ伸ばしすることは人間として最低限できるはずの行為だという気持ちが潜在的に各文化圏でもあったから残したのでしょう。

正座で足の痺れが切れる。五体投地でしゃがんで立つことにきつさを感じる。その時に足腰が発生しています。

どちらも身体が「あまり無視しないで、こっちにも気を向けてよ」と身体のほうからコミュニケーションをもちかけ、メッセージを送ってくれている証拠です。

無視されてきたぶん、訴えたいことは身体にも大いにあり、それまで空虚な損失を感じていたことが分かるようになります。それを私たちはきつさや痺れが切れることにより感じるのです。

決して身体が硬いからでも足の筋力が足りないからでもありません。

身体からの訴えをちゃんと聴くことができなくなっているのは、メッセージを理解するだけの素地を私たちが見失いつつあるからです。

産業化で要請された姿勢

かつての生活様式が消えていく中で、それに伴っていた身体が消えていきます。

先述したように缶切りが使えないのは、手の感覚も薄くなり、肩までしか身体の感覚経験がなく、二の腕、臂、手首、手の甲まで気が回っていないため「缶切りという道具を握る感覚経験」が分からなくなっているからでしょう。

小学校の教員から「鉄棒にぶら下がれない子が目立つようになってきた」と何度か聞い

たことがあります。機能として問題はなくても、手にうまく力が入らないのだそうです。昭和世代の特徴は「がんばる」や「根性」「気合い」といった、力を入れる感覚への馴染みです。

ところが昭和末期～平成生まれの多くの子たちは、力の入れ方が分からない。おそらく身体のつながりが実感として湧かないのでしょう。

私は今まで直接手を取って、国内外合わせて三〇〇〇人以上の人たちに武術の指導をしてきました。

そこでは昔から伝わる稽古方法を用いて講習を進めていきます。

中国武術の馬歩《マーブー》（写真）や日本武術の一文字腰といった低い中腰の姿勢を取ってもらうと、九九％の方がそうした基本的な中腰の姿勢とその形に必要な要求や要点を保つことができません。

ところが、一昔前の世代の武術家は、これらの稽古方法を「基礎が理解しやすい形」「誰にでもできる行為」として解説しています。というのも、馬歩も一文字腰も「技や応用に移る前に最低限必要な条件を確認する」ための練習方法だからです。

しかしながら、大多数の現代人にとっては「最低限の必要条件を確認する稽古」ではなく「満たせていない基礎的な身体性を養う練習」になっています。

基礎的な身体性を満たせていないとは、技術の応用に移る以前のハード（古の身体の基礎）がないということですから、昔の人が用いていた技法、すなわちソフトを使えるわけがありません。

私自身の指導経験から言えるのは、昔の人が普通としていた身体観や感性、基礎体力を少なくとも三〇〇〇人は失っているということです。たまたま足腰の感覚経験のない人や身体の弱いそれだけの人たちが私のもとに来たのかもしれません。

しかしながら、おそらくは近代化が進む中で生活様式が変わり、その人工的な環境が増えていく中で私たちの身体と感性は気づかないうちに足腰を消していく方向へと進み、身体観と感性のベースが変わってしまった。

中国組技武術摔角（shuāijiǎo、シュアイジャオ）の馬歩（佟忠義著『中国摔角法』より）

それが証拠に現代と前近代では姿勢一つとってもまるで違います。

幕末に撮影された写真では武士にせよ農民にせよ、どちらかといえば猫背気味で膝裏の膕《ひかがみ》が曲がっています。膝裏を伸ばし背筋をピンと立てた「気をつけ」の姿勢をしている人がいません。

江戸時代の絵や明治の写真にある、数少ない「気をつけ」に近い姿勢は歌舞伎役者が〝見得を切る〟所作ぐらいです。でも腰は低いか少なくとも膝は伸びていません。

膝を伸ばし、背筋をピンと立てることが正しいと感じてしまうのは、近代化の中で培ってきた身体性があるからです。

なぜ真っ直ぐにした姿勢が正しいとされるのか。それは産業化によって私たち人間が社会形態を変え、人工化されたファクターが人間の周りに増え、そのような身体が要請されるようになったからです。

規格品を効率よく作るには、人間もまた規格化・一律化する必要があります。

だから制服を着せたり、規則を守らせるなど、人工的な社会構造に合わせるために同じ概念で動くことが良いのだという教育を始めました。

学校や軍隊、工場でそのような規格化に向けた教育が行われたのは、身体性を同じにすれば命令に逆らうこともなく、ばらつきが出ずに平均的な品質を作る上での生産性は上がるからです。

そうした近代化の過程で見失われていった身体観に気づくことができたのは、私には幼い頃から異文化圏で暮らした体験があったからだと思います。

第二章

東洋文化と西洋文化を決定的に分ける身体観の違い

アメリカ、ハワイで体験したカルチャーギャップ

いい大学へ行き、いい会社に勤める。

私が高校生だった一九八〇年代後半から九〇年代前半は、そうした幻想がまだ信じられていました。

そのような生き方は息苦しくてたまらなく、自分には到底無理だと思い、海外へ行こうと考えていました。

最初は知人を伝手《つて》に卒業後はオーストラリアへ行こうかと考えていたのですが、その話が流れ、ちょうど両親がハワイへ移住することになっていたこともあり、これ幸いと日本を出てハワイで生活することにしました。

そこで当時学んでいた大東流合気柔術を「ハワイで教えてみませんか」と岡本正剛《おかもとせいごう》先生から声をかけていただき、武術の指導も十九歳から始めました。

ひょんなことで始まったハワイでの生活は十年余り続き、この体験が土着文化の役割や文明のもたらす身体・文化への変化、多文化間のカルチャーギャップなどを知る上で非常に重要な人生の一ページになったと言えます。

アメリカは移民の国である上に、ハワイでは白人を中心としない文化の中で様々な民族が混在しています。

武術も多種多様で日本や中国、フィリピン、インドネシア、アメリカ、イギリス、ブラジル、と世界各国から集まっていました。

それまで私が空手や柔道、古流柔術、古流剣術といろいろなことを学んできたのは、強さに対する答えがなかったからだと思います。

とりあえず試してみないと分からないという状態でした。

大東流合気柔術の岡本正剛先生のハワイ講習会を主催した時の写真。前列左から３人目が岡本正剛先生、４人目が著者

ハワイで暮らしてよかったのは、私の道場には、いろいろな流派を学ぶ人が集まり、道場破りほど深刻ではないにせよ、みんな気軽に手合わせを申し込んできたことです。おかげでいろいろな流派の人と手を合わせて交流することができました。

そうした実践の場を通じて改めて気づいたのは、非常に当たり前のことながら、いったんやり合うとなったら何でもありでルールがない、ということです。

例えば空手や拳法、柔術、柔道とボクシングを融合させたハワイの武術「Ka Ju Ken Bo（カジュケンボー）」や、日本から来たハワイ育ちの武術「Kenpo（ケンポー）」は、普段から金的攻撃がオープンなので、彼らは空いていると見れば金的を蹴ってきます。

インドネシアのシラットなら、初手から相手の目をくりぬくとか噛みつく技を教えます。

猴拳《こうけん》とフィリピン武術の使い手だったヘイスティングは、地面に這《は》い蹲《つくば》り、下から金的を狙うのが得意でした。

とにかく日本の武術とは色合いが異なりますし、加えて何もしなくても強いし、バットで後頭部を思い切り叩かれても平然としているようなサモアンとかハワイアンのような人もいるわけです。

道場では素手での打撃あり、投げあり、組技あり、時には武器と素手、武器と武器のスパーリングあり、の何でもありでした。

さらに言えば、銃社会ですから、そこを無視するわけにはいきません。

強さとは何か？　を本当に問うた時期でした。

若い道場生の中には「結局、ただ戦うなら銃があれば（武術や格闘技の）練習しなくていいじゃん？」と話す人もいて、そう言われると、「武術、武道は一対一で正々堂々と勝負するものだ」という考えはとてもロマンティックに見えてきます。

実際、「銃があればいいじゃないか」と言われて、日本武道の「戦うなら一対一で正々堂々」という価値観に縛られていた私は少し動揺しました。

その後によく考え、相手が銃を持っていたら確かにその状況でやるしかないと思ったので、銃器対応の技もいろいろ実験してみました。

左からピート・カー氏、クリス・リー・マツオ氏、著者、スティーブ・ロッジ氏。ハワイ時代の旧・光岡道場の第１期生メンバーと

その結果、ハンドガンなどの銃を持った人との距離が四メートル以上空くと、ちょっと対応が厳しくなることや、テーブルを挟んで会食するくらいの一メートル以内の親密な空間なら、こちらが素手でも大丈夫かもしれないことなども分かりました。

相手の銃の実力にもよりますが、至近距離のほうがまだなんとかなります。

四メートル以上離れていて、相手がすでに銃を抜いていたら的中率が相当低くない限りアウトです。

ただ、いったん銃について考え出すと止《と》め処《ど》がありません。

銃器を持つなら個人より集団で持ったほうがいい、ならば大きな集団の警察部隊やスワットなどのほうがいいです。さらには軍事部隊のほうが力は強大だろう。いや、軍を動かす国家政治力のほうが重要だ。

そんなふうに単純に武器、兵器、テクノロジーや権力に頼った強さについて考えていくと、「大統領など国のリーダーになるのが一番ではないだろうか？」と思いはしたものの、だからといって武術的な強さを求める上で政治に関わったり大統領選に出るのは違うのでは？　と自分自身にツッコミを入れていました。

結局は、黙々と武術の技量を高めるために自分にできることをしていくしかないわけです。その上で、やはり武術的には様々な背景を持つ人が集まってきたおかげで技に限らず、多くのことを学べたと思います。

自然の中で生きようとするヒッピー的な人やリベラルな芸術家、アーティストもいれば、用心棒稼業、親がマイアミで名の知れた国際的な麻薬売買人で十四、五歳から家業を手伝わされるハードな人生経験をしてきた末に、その反動でレンジャーや公安を志望する人、プライベート・セキュリティー関係の仕事をする人、アメリカの特殊部隊をはじめ世界中の軍隊にトラッキング（追跡技術）を教えている人もいました。

薬物依存症の親から、銃を頭に当てられたりナイフを喉元に突きつけられ、何度も殺されかけた人。ベトナム戦争帰りの、社会的常識の中で生きられなくなった人。正気を保つことが難しい、ボーダーラインを生きている人も少なくなかったように思います。

そういう人同士が稽古後にスパーリングをした際に、顔面をサイドキックで蹴られ、口の中が切れて血だらけなのに、「さあ、よし、これから始めようか」と互いに目をキラキラさせて嬉しそうな顔でスパーリングを続けるという漫画みたいな状況も何度か見ました。

道場に集まった人たちを見ていると、武術をやることと、生いたち、生きざま、そして私のところに辿り着いたことが一連のこととしてつながっているように感じられました。

ハワイと言えば、観光地のイメージが強い一方で、暴力的な血生臭い話もそれなりにあります。

しかしながら、けっこう陽気でもあって、私の道場生の親戚で他の道場の人でしたが、「この間、刑務所から出てきたばかりなんだよ。アロ～ハァ！」という感じの人も少なからずいたのは確かです。

彼らがなぜ武術をやっていたのかと言えば、武術をやることで自分の中にある苦しさを整理できたからかもしれません。

精神修養のためではなく、文字通りのサバイバルで、武術がないと身体も気持ちもバラバラになりそうな自分を取りまとめるための行為として必要だった。

いわば当人にとっては唯一の、自分の中にあるサンクチュアリ（安堵の場所）みたいなもので、教会へ行くよりも武術の稽古そのものによって自分の精神崩壊を留めていたのではないかと思います。

というのも武術の場合、私などもそうですが、身体を通じて行うため、そこがリアルに自分のリミットと可能性を教えてくれるのです。

彼らが素の自分に戻れる、正気を保てる何かが武術にはあったのでしょう。

無時間のハワイアン

ハワイで暮らすうちに、日本であれほど感じていた、真っ当な生き方や「こうしなければいけない」といった社会からのプレッシャーは全くなくなりました。

メインストリームではない人たちとのつき合いがあったせいもあるでしょう。

私は、「ハワイアン・ホームランド」といってハワイアンの血縁しか住めない地域に、伝手があったので一年ほど住んでいたことがあります。

そこはハワイの貧困層が多く住む場所でもありましたが、常夏《とこなつ》でヤシの木があるので荒《すさ》んだ雰囲気はありません。

あくせく働かなくても、そこらへんにバナナがなっていたり、海もすぐ側《そば》にあり魚介類も獲れるし、しかも毎週どこかで知り合いが半野外パーティをしているから食べ物には困らない。

そうなると世の中の細々したことなんてどうでもよくなります。一生このままでもいいかなという気分にさせられました。

その地域に住んでいて誰かの家に行くと、親が誰だか分からない子もたくさんいました。高校に行きながら子供を産んで育てている子や、その子の姉妹兄弟や従姉妹は皆が異母兄弟だったり異父兄弟だったりすると、誰が誰であろうと関係性はどうでもよくなります。

パーティで「お姉さんの従兄弟の旦那の息子」と紹介されたり、ステップファミリーがたくさんいたりとか、多くが日本で信じ込まれているモラルや家族の形ではないところで生きていました。ドラマで取り上げられるようなおもしろい世界が身近にあった感じです。

このハワイでの経験によって「こうでなければいけない」という先入観がたくさん崩さ

れました。

といっても初めから馴染んだわけではありません。

日本社会が息苦しいと感じていた反面、移住したばかりの頃は、あまりにのんびりしているハワイの人たちに戸惑いました。

最初の謎は彼らの「時間感覚」でした。

日本での武術・武道の道場となると、先輩より後輩が先に来たり、生徒が先生より先に来て先生を待つというのが普通だと思います。やはり私もそれが当然だと考えていたのです。

ところが、ハワイではまず生徒は時間通りに来ません。

日系の人は比較的時間通りに来る人が多く、ハワイアン・ロコ（地元民）は開始の時刻をとうに過ぎてから、ぽつぽつと集まりだし、しかも毎回終わり近くに来て、おしゃべりだけして帰る人もいました。

時間通りに集まり正座して黙想と礼で始まり終わるといったピシッとした流れが当然と思っていたところに、それとはまるで無縁の、始まりも終わりもないようなダラダラとした時間感覚を見せつけられ、「なんだこれは？」と驚きました。

やはりこれまでの日本での暮らしで学んだ「生真面目《きまじめ》さ」が身についていたのです。

そのためハワイアンが時間を守らず、しかも悪びれもしない態度を全く理解できませんでした。

時間通りに物事を行うという考えがない、というより時間がない。

無時間です。

だから、どうやって予定を合わせていいかも分かりません。

遊びに行くために待ち合わせの時間を決めようとして「いつにする?」と尋ねても、「イッツオッケー、エニィタイム（いつでも大丈夫）」と返されます。

何がオッケーなのか分かりませんが、そこから一応時間を決めてもほとんどの場合、時間通りにはなりません。

オアフ島ホノルル・ダウンタウンの東南アジア料理のフードコートにて

ロコと呼ばれる人たちは何事も感覚で決めるので、武術を教えるにも「決められた時間内にきっちり」というわけにはいきませんでした。

時間は合わせるものではなく、合うのだとでもいうような感性が彼らには共通してあるようです。

そこに大きなカルチャーギャップを当初は感じました。

後になって思うと、それはまさにハワイと日本の生活観の違いであり身体観の違いでもあったのです。

喧嘩《けんか》屋の異名をとるジェームズという友人であり、門人がいました。

彼はウクレレがとてもうまく、左利きなので逆さにウクレレを持って器用に弾きます。

あまりにうまいので「教えてよ」と言ったら、「オッケー」と言ってしばらく弾いてみせ、「ユー　プレイ　イッ　カインダ　ライク　ダッ（こうだよ、こんな感じで弾くんだ）」と言って終わりです。

「いや、弾き方を教えて」と頼むと、また「オッケー」と言って弾いてみせて「こうだよ」と言うだけ。

泳ぎもバタフライなどが得意だから「教えて」と言ったら、また泳いでみせて「こうだよ」で終わりです。

ウクレレも泳ぎもどうやって覚えたのかと尋ねたら、「見て覚えた」「自然に覚えた」と言うのです。

ハワイはイギリスやアメリカなど西洋に進出される以前は無文字社会でした。

文字に記すという客観的な伝達方法がないと、生活そのものが文化となります。つまりウクレレも泳ぎも生きてそこに暮らしていれば自然と身につくものでしかないのです。時間も自然に流れているもので、時計によって刻まれる客観的な時間と呼ばれる共有概念を重視し、それに合わせて動くことなど、彼らは感覚的に理解できません。

ハワイでの時間は客観的なものではなく、朝が夜になるように移ろいゆくものでしかありません。

ともかくハワイ語の語彙《ごい》に「過去」や「未来」などはなく、"ano"という「今・現実・真実」の意味を示す語彙しかありません。

ギターやウクレレなどの楽器は楽譜を使いません。演奏法や定刻がないのは、誰かに物事を伝える際に客観性や客観的事実が重視されないということを意味し、私たちのような時間軸を原初のハワイ的な感性が持ち合わせていないことが今でも窺えます。

比べて日本の武術をはじめ、芸事では型が重視されています。

型文化があるところでは「客体」※によって物事を自分以外の人に伝えようとします。

ハワイアンが型を示せず理解できないのはある意味で象徴的です。

※「客観」は主に認識作用が向けられる対象をいい、「客体」は主に行動が向けられる対象をいう。よって概念などは客観世界における認識の共有ができる世界であり、武術／武道の型や文化風習、民族風習、儀式などの式は「客体」となる。

様々な動きは言葉と同様に、住んでいればなんとなく時の流れの中で感覚的に覚えるものでしかないので、わざわざ教え方を作り出す必要がないわけです。

彼らに型か式があるとしたら、ハワイ語という無自覚に身につけている言語のフォーマットがそれに当たるかもしれません。

また、彼らに伝わる身振り手振りの手話とチャント（唄、祝詞《のりと》）、つまりはフラという踊りと唄もそうでしょう。

フラは彼らハワイアンの祖先がタヒチを中心に他のポリネシアの島々からハワイまでいかにしてやってきたかを唄と踊りで代々伝えています。そこには唄の発声法や踊りの動きのように式か型らしきものもありますが、あくまでそれらは生活の中で自然と代々伝承されてきました。

教育すると弱くなる人たち

感覚で物事を理解するだけに、彼らには独特の強さと勘のよさがありました。

先述のジェームズは特に何かを専門的に練習したわけでもないのですが、「ここぞ」という時を逃さない、すばらしいセンスがありました。

教えなくても「ここで殴ったら相手が倒れる」ところでちゃんと打ってくる。

そのタイミングをどこで学習したのか。

これまでの自分の経験では、道場へ行って習うことしか思いつきませんでした。ジェームズに限らず、道場やジムで何も教わっていないのに喧嘩に強いハワイアン・ロコはたくさんいました。

彼らは習うことなく強さを身につけています。打ち方の秘訣を尋ねても、動いてみて「なんとなくこんな感じで」としか言わない。喧嘩慣れと、ガレージで何人かで集まってサンドバッグやミットで練習するくらいで上達します。決して普段からハードトレーニングをしているわけではありません。

どうして強いか分からなかった一方で、ナチュラルに強い彼らをどうすれば弱くさせるかは分かりました。

それは「教育」です。

つまり「ルールを教え、規則を伝え、それらの規則やルールに従えるような感性を育み、物事の仕組みはこのようになっているから、そうしなければいけない」と強《し》いて、枠組みにはめる教育を施すと、あっという間に弱くなるのです。

現代人の多くが子供の頃から体験してきた、弱くなるための教育です。

ジェームズにしてもジムでボクシングを習い始めた途端、負け知らずのストリートファイターとは思えないくらい、ものすごく弱くなりました。

野性味あふれるファイターはそれだけで十分強いのに、技術を学べばもっと強くなるだろうとコーチなど周囲が教育してしまう。そうすると本来の能力が異なる環境で発揮できず弱くなっていくのです。

教育することによって、それまで縁のなかった心理状態や意識が刷り込まれます。そうして概念を通じて自分らしからぬ自分を構築することが人を弱くさせる一因になります。

これは心底思うのですが、ある文化圏に異なる文化を持ち込む際には、相当気をつけないといけません。

それは国同士のつき合いだけの話ではなく、地域と風土の違いや、異性や子供と大人の関係も同様です。

私たちは互いに異なる価値観、異なる文化で生きています。

大人が良かれと思って子供に教えることそのものが、その子のよさを潰していることも大いにあり得ます。

これは映像で見たのですが、ハワイアンかサモアンが釣り上げたサメと目が合った瞬間、その場にある物や拳《こぶし》で殴りかかっていました。

彼らの野性は客観性とは無縁な本能に根ざしています。手で叩いてどうこうなることではないのにサメに触発されて瞬時に殴りかかるなど、「こうしなければいけない」という観念に縛られてないからこそ発揮される感性です。

そのため彼らには練習は必要なく、普段の生活で養われた身体を戦いに向けて慣らす程度のことでよいことがだんだんと分かってきました。

日本の文化では、練習に打ち込まない態度は不真面目に見えるでしょうが、ハワイアンの生活観と身体観においてはそれで十分なのです。

普段の生活の中で自分の中の強弱や力の入れ具合が分かり、さらには弱さが分かってくる中で強さを求めなくなる。そうすると求めないことが結果として強さになることもある。

求めているうちはまだ不安で自信がないのです。

そもそも彼らには鍛錬という発想がありません。

なぜそうなるのかというと、環境が関係しています。

文化的にハワイアンには鉄を鍛錬する製鉄技術がありません。

ハワイの生活環境は原初的な野生の状態に近いので、自然と人間もワイルドになります。しかも、この野生は「めちゃくちゃ」「はちゃめちゃ」といったシティワイルド（横暴、無秩序）さではありません。

自然の流れの中から生じる静けさや穏やかさ、凶暴性、優しさ、そして何事も最後にはあらゆることを受け入れるアロハ・スピリットがあります。そのような野性の力が発揮された場合、一歩間違うと互いが無事ではいられないことにもなります。それも自然界や野生の世界と同じです。

歴史を振り返ると、ハワイにおいては部族間の激しい争いはけっこうありましたし、神々へ捧げる生け贄《いにえ》もありました。そういうところで養われてきた感性が彼らにはあります。常夏の温暖な土地だからといって、いつも平和で穏やかではないのです。

だからこそ彼らから学ぶことは多かったと言えます。

先ほどから話題の喧嘩屋ジェームズがリチャードというまた別の喧嘩屋と夜のビーチで激しい殴り合いの喧嘩をしたことがあり、その時はお互い疲れ果てるまで殴り合っていました。

数日後、私がジェームズとショッピングモールを歩いていたら、向こうにリチャードがいたのです。

すると、ジェームズが「挨拶してくる」と言うので「また喧嘩するのか？」と聞いたら、「あいつと話をしなきゃいけない」。そのあとに続けて「I gotta go squash it.」と返しました。"squash"は「潰す」という意味です。つまり、喧嘩したから因縁を潰さないといけないというわけです。

離れて様子を見ていましたが、二人はしばらく話し、最後に握手してハグしていました。ジェームズが戻ってきて言うには、「こないだ俺がぶっ叩いたせいで、あいつは目がちょっと見えなくなったみたいだ。まあお互い酔っていたし、分かっていた上でやったからしょうがないよね」。そう話し合ったことで互いの因縁は消えたそうです。

彼らの行動のベースには、まず「You gotta take care yourself.（自分で尻拭いしろ）」があります。

自分の始末は自分でつける。それが生きて行く上での最低ラインです。

当たり前と言えば当たり前ですが、日本だと社会性や制度が確立されているから、生きるとは「社会のシステムの中でどううまく立ち回るか」になるので、そこで問われる強さはフィジカルなものや野性的な身体観ではありません。

しかし、ハワイアンの場合は、もう少し生身のワイルドさが文化的に残っているため、野生の身体性に対するリスペクトがあります。

これもまた彼らが内包する野性の強さです。それはやはり島の自然が育んだ感性であり、いい意味での"島文化根性"で、同じ島国であっても日本の文化とは全く違います。

あまり恨みつらみを持つと、互いにいつ襲われるか分からないという疑心暗鬼が募ります。同じ島に住んでいるし、他所《よそ》には行けない。それなら話をきちんとつけて因縁をsquashする（潰す）。そういう部族的な知恵と感性が彼らの根っこにあるのだと思います。

そうした因縁の消し方ができるのは、やはり生活が原初的な野生の状態に近いからです。人口が増え自然から距離を置き、人間同士も距離を置き、人工完備された社会が発達した場合には、「分かってほしい」や「きっとこうしてくれるんじゃないか」といった期待という名の社会性が発生しやすくなります。

自然が相手では、期待してもしょうがありません。

サーフィンで言えば、「いい波が来てほしい」と期待したとしても、来るかどうかは波が決めるので仕方がなく、人間側は自然が与えてくれる波に対し受け身であることしかあり得ません。同時に向こう任せな受け身な気持ちだけでは波に呑まれるだけです。ちゃんと来る波の状況を受け入れる中で「自分の形」がなければうまく波には乗れません。自分の形がないと波との関係性が築けないわけです。

自分の形をもたらすのは身体です。そこにアプローチし、目を向けていかなければ、人は自然との関係を築けず、生きてはいけません。

自分の身体に目を向けるとは、自分を詳細に理解していくことでもあります。

「自分を詳細に理解する」と聞くと、セルフ・アウェアネスやマインドフルネスなど抽象的な観念として捉えられがちですが、文化と身体を通さずにいては自分の理解にはいつまでも届きません。

なぜなら文化なき身体は存在しないからです。

私たちは突如現れたわけではなく、特定の文化を経過してここまでやってきたわけです。

食文化を例にとって説明すれば、ポリネシアンが「普通、タロイモを毎日食べるよね」と言えば、イヌイットは「いや、アザラシが普通でしょう」と言うでしょう。

何を食べるかはどこに住んでいるかに関わり、その環境での生活習慣、風習、ものの考え方、言葉が定義するもの、そこでの身のこなし方など全てのことを決めます。

文化のない身体は存在しません。

それぞれの価値観の違いは文化の差であり、異なる身体観、身体性を個々にもたらします。

文化と風習がもたらす先入観

ハワイアンは型や式を必要とせず、暮らしの中で物事を見て覚えるだけです。いわば流れ、フローの文化です。

また、同じアメリカでももともとは移民である欧米系の人と接して分かったのは、西洋では日本や中国、韓国の漢字文化圏のように「型で物事を理解する」という文化はないということでした。

また、ハワイアンやポリネシアの流れ、フローの文化とも似てはいるけれど異なる西洋的なムーブメント「動き」の文化があります。

したがって日本や中国の東洋の武術を習う西洋人は、型をムーブメントとポジションにし、抽象化して理解しようとします。これは彼らの物事の認識の仕方と関係しており、東洋と西洋の身体観の大きな違いになっています。

例をあげれば、本来は型や形から稽古していた当時の柔術、柔道がブラジルに渡り、寝技のポジション取りをムーブメントで捉えていくことを主体とするブラジリアン柔術になりました。

この体系を構築する際に発生したのが、極め技までの過程を型や形で稽古せず、ムーブメントとポジションで寝技に持っていく捉え方です。

物事を型、形と式で捉えていく日本では生じることのない感性と発想です。

近代柔道の始祖、嘉納治五郎《かのうじごろう》が生きていた頃から柔道もスポーツ化し、乱取りが重視され、それが柔道だと理解されるようになってしまいました。

嘉納は晩年、「乱取りは稽古の一部分で、そんなに重視することではなかったのになぜかそうなってしまった」と嘆いています。

彼は柔道において一つ一つの形を練習する中で、いずれ天神真楊流《てんじんしんよう》や起倒流《きとう》のような古流柔術の技法に戻れるよう柔道をデザインしたことが私には窺えます。

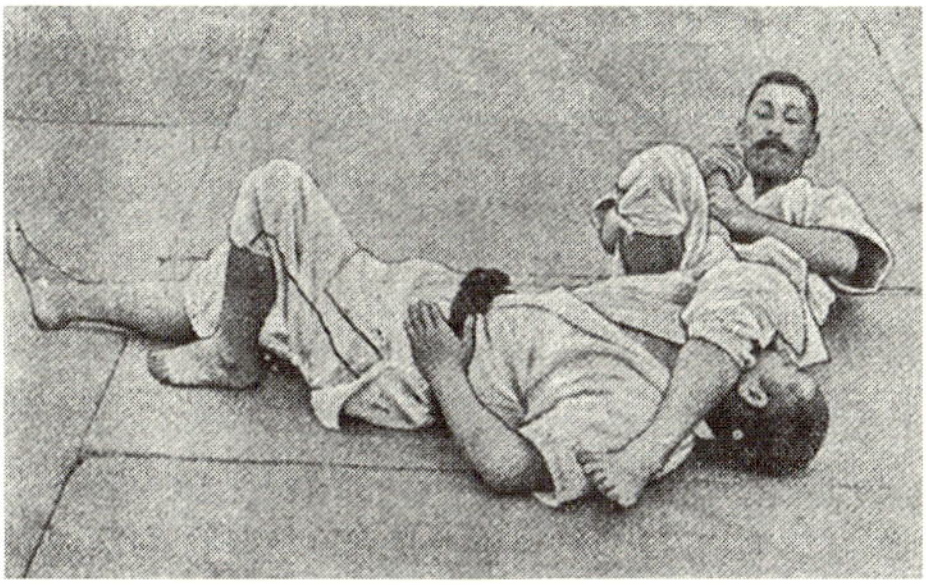
大日本武徳会柔道形制定委員の不遷流柔術・田辺又右衛門（上）と竹内流柔術・今井行太郎（下）

昔の武術家の技術技法に里帰りできるようなフォーマットを兼ね備えたものとして柔道を作ろうとしたのではないかと考えられます。

だから嘉納が映像で残しているのは、古流柔術の型です。そこに戻りたかったし、戻るための道標の一つとして柔術、柔道における各型を形にし残そうとしたわけです。

例えば明治三十九年七月に京都の大日本武徳会本部において「柔道形制定委員会」で講道館とは他流である不遷《ふせん》流《りゅう》宗家《そうけ》四世の田辺又右衛門《たなべまたえもん》と竹内流範士の今井行太郎《いまいこうたろう》の二人（写真）が、今の柔道の「固《かため》の形《かた》」の原形を打ち、固め技や極め技を稽古するための型と形を制定しました。

ところが、その制定された「固の形」からなる柔道の固め技や極め技はブラジルに渡るとムーブメントとポジションの連続から生じるテクニックになり、型や形という考えが浸透せず、採用されませんでした。

西洋文化の彼らには型、形を理解するための感性が経験的な感性としては備わっていなかったのです。

ムーブメントとポジションを重視するのは、最終的にテクニックになればいいからです。テクニックの競い合いは必然的に競技化を招きます。スポーツが西洋で発展したのは、そういう身体性がもともとあるからです。

関節技も本来は一つ一つが型の一部としてありました。型を通じ、どういう角度で臂《ひじ》が曲がったり伸びたりするか。どうすればずらして極められるのか。型を通じて学ぶ技とは、臂の形を経験的に理解するためにありました。

それがブラジルでは、身体を「理解するための技」「自分を理解していくための型」ではなく、「目的に向けていかに動くか」しか問われなくなります。だから、臂を極めるアームロックは脇を締め上げるという動きの中で最適のポジションを見つけようとします。

相手も極められるまでは抵抗しようと動きます。

比べて柔道の腕がらみには、本来ならムーブメントではなく「型」から観えてくる形があり、完全に骨格を極めているから相手は動けなくなる世界があります。

しかし、同時期に日本の柔道もスポーツ競技化の道を進み始めていて、本来の古流柔術とは目的と体系が大きく変わっていました。

この近代にできたブラジリアン柔術と日本の柔道の技術体系と古流柔術の技は似ていますが、中身は別物です。

競技の中の技だと動いてポジションを変えていきながら目的に向かっていけますが、型稽古の場合はそこに身体と形がはまるとどうにもならないことが理解できるようになります。


柔道よりももっと身近な例で説明しますと、漢字の習字があげられます。

私の子供二人が習字を始め、「大」という字で賞をもらいました。

よくよく考えると、これは西洋的な観点からするとおもしろい現象です。

言ってしまえば横と斜めの線だけで構成された一字を評価しているわけです。

西洋では「A」という字を書く大会や展示会はありませんし、「A」が上手か否かなどはほとんど問われません。

無論、漢字のように「大」の一字を評価するように「あの人の書く〝A〟はなかなか見事だ」という評価の仕方もしません。

漢字の「大」という字には書き順があり、筆づかいがあり、かえしがあり、そこに立ち現れている字に私たちは「型」との因果関係を観ているわけです。

しかし西洋ではタイポグラフィという文字の動きや、数式という字の配列と意味に美しさを見て取っても、たった一字に価値を置く感性は見出せません。せいぜいアルファベットの文字をデザイン化し、アーティスティックに手を加えることでアートとしての価値を見出すぐらいです。

この違いは型の文化の有無にあり、身体観の違いをもたらしています。あまりに本人にとって当たり前のことは自然すぎて、空気のように親しんできた自分の文化は何が良くて何が問題なのか気づけないものです。

日本では何事も型にすることで物事を理解しようとしている身体観が文化的にあります。しかしながら、そのことが改めて問われる機会は皆無に等しいと言えます。

どういうことかと言えば、例えば日本のボクシングジムでは初心者に対し「顎を引いて脇を締めて、臂が出ないように、腰を回転させて」といったようにフォーム型定型から説明を始め、「正しいストレートの打ち方」を教えようとします。そういう手順を踏むことを誰もおかしいとは感じないでしょう。

ところが私はアメリカでボクシングジムを見学していた時に、そんな教え方は見たことがありません。

決まり切ったフォームなど誰も教えません。とりあえず初日は、ただコーチがミットを構えるか、サンドバッグの後ろか横に立ち、それに向かって「Hit! Hit the mit!」「Hit the bag!」と言うだけです。

そこから、その人の動きを見ながら少しずつ、その人に合った動きとポジション構えなどを本人が見つけられるよう教えていきます。

アメリカの上手なコーチは必ず身近な目標を与えムーブメントから教え、個々の個性に合わせていきます。「こういうフォームでやれ」ではなく、目的や目標だけを決めて「動いてみて」と教え、様子を見ます。

ミットやサンドバッグのような目標を与え、互いのポジションが分かるようにし、あとはムーブメントだけをさせます。その動きには筆記体のアルファベット配列を用いた詩のような波があり、それを途切れさせないことが大事なのです。

また、その中でムーブメントからポジションへと移行する運動で意味を構築していきます。

英語圏などラテン語やゲルマン語がベースにある言語圏では、文字一字に価値は見出さずポエティックな文字の配列から生じる意味に価値を見出します。

そしてまた私たちはフォームと聞くと、「型」だと捉えがちです。

これが文化のもたらす先入観なのです。

西洋で言うフォームは「一連の動き」「動きからポジションへと形成されていく過程と結果」でしかありません。そこには共有できる「手順」や「形」を重要視する感性はありません。

「やっているうちに自分のフォームができるから」というような言い方をするように、フォームは漢字の書き順のように型が外在してはいません。フォームはムーブメントの結果として個々の中で感覚的に現れるものでしかないのです。

だから最初から定型のフォームを学び、それに自分を合わせて省みるという感性や考え方が西洋的な思考にはありません。

ついムーブメントを「型」にしてしまう日本人の感性

ボクシングだけでなく野球、ゴルフ、バスケットにおいても、アメリカでは誰もフォームをほとんど教えませんし、教える側もあまり問題にしません。

日本ではプロでさえ事細かくフォームを直されます。

アメリカではボールを投げる。ボールを打つ。ドリブルする。それを見たコーチや監督が「もうちょっと肩をリラックスしたほうがいい」「もう少し速く動け」くらいは言います。

それは「型」のようなフォームではなく行為のあり方を教えているわけです。

そういう姿勢はこちらから見ると「個性を認めている」と見えますが、そういう話でもないのです。

「そうでなければできないでしょう？」という話でしかありません。

全く身体性が違うということは、必然的に受け取り方も違うということです。

身体観の違いが生んだ文化のギャップに気づかないまま「正しいパンチの打ち方」「正しいスウィングの方法」「正しい投げ方」「正しいAの書き方」があるものだという偏見で練習すると何が起きるでしょう。

やればやるほどすごくぎこちなくなるという現象が起きます。

真面目だけど通用しない。

昭和から平成にかけて世界を舞台に戦えた日本人選手は具志堅用高さんや野茂英雄さんのように、型に囚われなかった人です。

それが正規のボクシングであり、ベースボールのあり方だからうまくいったとも言えます。

何事もベースラインとして源流のあり方に逆らうとうまくいかないから、それに従ったほうが自分のやっていることの由来と意味が経験的につながってきてパフォーマンスは上がります。

スポーツ界も「わけの分からない根性論と精神論」の呪縛もとけてきて、ムーブメントとポジションに慣れてきた世代が登場し、世界的に通用するプレイヤーが多く生まれて来ています。

でも、そうするとローカルの文化が崩壊していくという悩ましい現象が起きます。日本人がつい「正しい手順がある」と考えてしまうのは、それは仕方ないのです。漢字やひらがなには書き順があり、型や式で物事を受け取る身体性が文化的に共有され、しかも長年養われているため、身体が無自覚にもそれを感性の規範にしているのでそれ以外の方法での学び方を知らないのです。

こうした身体観の違いは、当然ながら考え方や物事の捉え方、思想、哲学の違いにも影響し関わってきます。

なぜなら身体を介さずに発生する思想や哲学は存在しないからです。思想や哲学は、個人の経験や感じたことから派生します。

その時、感じているのは身体です。当人の身体がそう感じている。あるいは身体を通じてその人はそう感じた。それによりコンセプトや思想が生まれます。

人の身体を介さずに生じた人の世のものは人類史上一つもありません。

ただ、文化の違いがあるため、その違いが個々の霞《かすみ》になっていて、見えにくいわけです。


西洋の文化の特徴は、東洋に比べて論理的だと思っている人は多いかもしれませんが、おもしろいことに本当はムーブメントよりも型のほうが論理性は高いのです。

なぜ西洋のほうが論理的に見えるかというと、ムーブメントという非論理的に連続する動きを主軸にしてしまうと、精神性で固定できる論理を求めるからです。

たとえて言うなら「動き回ってルールを守らない連中が多いからこそ、それを拘束するルールが必要となり、そこに公的に皆で守らないといけないルールを作った」わけで、最初から村の皆が暗黙知的に内面的な衝動によりルールを守れれば、あえて明確にルールを外在化させ観念として共有する必要はないわけです。

西洋由来の社会思想をよくよく見ると、ポジションからポジションへのムーブメントで体系を構成しています。弁証法などがまさにそうでしょう。

これと関連するところで、数学者の森田真生さんに以前、彼が関心を持っていたアレクサンドル・グロタンディークという数学者の人生と研究についての話を伺った際に「英語のほうが数学について思考しやすい」とお話で、それについて私も共感できるところがありました。

また、森田さんに「天動説も数式で証明できるのに、なぜ地動説の数式に落ち着いたのか」を尋ねると「地動説の数式のほうが美しく、天動説の数式は複雑で美しくないからなんです」と答えました。

このように数式が持つポエティックな運動性の美しさが数学の規範になっている話から も、ムーブメント(動き)とポジショニング(構え、配置関係)による西洋的な感性の規範が数学にも伺えることを感じました。

日本語の「数学」は「Mathematics」から訳されましたが、正確には「Mathematics」は〝数学＝数の学問〟ではありません。

Mathematics の語源となる古代ギリシャ語では μάθημα (máthēma、マテマ)とされ、《知恵、知識、習う、学ぶ》行為の意味を持ち、その学習内容としては「quantity＝量、structure＝構造、space＝空間、change＝変化・運動性」が含まれています。

よって Mathematics を「数の学問＝数学」と訳したことは、とんだ誤訳であり、いまだに私たちは Mathematics ＝数学として学校では教わっているわけです。

当時の日本人の翻訳者が Mathematics を数学と訳してしまうことこそが、ムーブメントやポジショニングを型や式として捉えてしまう感性と同源の身体観だと私は考えています。

韓氏意拳との出会い

東洋の漢字圏の文化においては、技を伝えるには型と式にせざるを得ません。型が成立するには土台となる文化、いわば「普通」が共有される仕組みが必要です。ハワイアンのようにやってみせて「こうだよ」と言っても、どうすればそうなるのか、仕組みが分からなければ、伝わっていかない。

ただ生活の中でウクレレを弾き、唄を歌い、泳ぐだけなら、「私ができるからそれでオッケー、あとは私がしたように見て聞いておけば大丈夫」で話は済みますが、その生活様式に属さない人で知りたい、伝えてもらいたい人がいるなら、「どうすれば伝わるのか」を考えないといけない。

そうでないと物事を学習することができませんし、失伝した時に復興することもできなくなります。

ハワイで十年余り暮らした後、日本に帰国し、韓《かん》氏《し》意《い》拳《けん》という中国武術の存在を知りました。

韓氏意拳とは韓家に伝わる意拳という意味です。

韓氏意拳を学んでいく中で、韓氏意拳で提示される典型行為としての型は「身体のジェネレーションギャップ」を研究している私に大きな影響を与えました。

韓氏意拳では行為を「典型行為」と「標準行為」に分けて説明することがあります。

韓氏意拳の規範となる典型行為とは「もともと私に備わっている特性や特徴、本質を規範とする行為や型」のことです。

標準行為とは「客観的事実に基づいて公的に設けた基準、標準を規範とする行為や型」のことです。

意拳の何たるかの詳細は後述するとして、その前に説明したいのは、身体観や生活観が異なる文化を学ぶ側のそれらを受け取る姿勢です。

二〇〇三年、中国に渡って韓氏意拳を学び始めた当初は通訳もないに等しい状態で、まだ私も中国語を話せませんでした。

だからどうしたかというと、中国語を日本語に置き換えるのではなく、中国語そのものを韓氏意拳と共に学習し身につけることにしました。

こうなると中国語で韓氏意拳を理解するしかありません。

その学習の仕方がかえってよかったのは、韓氏意拳を中国武術として中国の文化から取り出し、しかも日本語で習うのではなくて、「何を伝えようとしているのか」の全貌を中国文化として習うことができたからです。

子供が言葉を覚えるのは、意味を通じてではなく、生活の所作そのものからですが、私が韓氏意拳と中国文化を習得する道のりはまさにそれと同じでした。

そこで私が学ぼうとした意拳についてですが、意拳とは王薌齋《おうこうさい》（写真）が一九二〇年代に創始した武術です。

王薌齋は逸話に事欠かない人物で、例えば軽く突いただけで相手は電撃が走るような衝撃を受け、吹っ飛ばされたといった証言が数々残っていますから、すさまじい武術の遣い手だったことは間違いありません。それだけに私は若い頃から王薌齋に関心を抱いていたのです。

意拳の創始者、王薌齋

韓氏意拳は王薌齋の高弟だった韓星橋《かんせいきょう》の流れを汲む、韓星橋の四男である韓競辰《かんきょうしん》がかねてより名前だけは創始した意拳で、意拳の書籍などを通じ知っていました。

動かず止まって待つ稽古「站椿」

私が王薌齋の存在を知ったのは十五歳の頃です。それ以来憧れを抱いており、資料を読んだり聞きかじった内容から意拳独特の「站椿《たんとう》」という稽古を行うようになりました。

站椿とは「杭のように立つ」という意味で、これは韓氏意拳に出会う前でしたが、独学でハワイ時代には一日のうち六～八時間くらい、ひたすら二～三時間を何度も連続し立っていたこともあります。

動かないので、どんどん自分の感覚を観ていくことになります。

無理して立とうとすると続けられるものではありませんが、身体の強張《こわば》っているところをそうならないようにすれば一日八時間くらいはできるようになります。

ただ立つことで身体を観察していくと、どんどん内側に目が向いてきて、自分の中を観つめることと外とがつながっていることが感覚として分かってきます。

現代人の多くはムーブメント中心のエクササイズに親しんでいるため、動かないことが稽古になるという意味が分からないでしょう。精神修養や瞑想ならまだしも、動かないことが武術とつながり、身体の動きの精度を上げることにつながるとは思いもしないかもしれません。

私自身は站椿とは、武術的に待てる自分と機が訪れた時に懸かれる自分を観つける稽古だと今は感じています。

武術は競技と違って勝つ必要がありません。自分から出ていく必要もありません。「手を出す」という表現にあまり良い意味がないように、〝出る〟ことそのものが余計な要素を増やします。

とはいえ、互いに隙だらけで、動くことばかりに気を取られ、自分が観えていない者同士ならば、止まっていようと動いていようと勝敗はじゃんけんみたいなもので、出会い頭に運任せに勝ってしまうこともあるでしょう。

でも武術本来の世界では互いに自分のことを静かに観ている中では、少しでも動くことで自分を見失ってしまえば、そこが隙になってやられます。そのレベルでのやりとりが前提ならば、動かない稽古にならざるを得ません。

静かにする中で、いかに自分が迷いなく動けるかが観えてこないといけません。

八時間も站椿をしていた当時は、そこまでのことは分かりませんでした。いったい自分のやっていることが合っているのかどうかも分かりませんでした。

じっと動かない練習をしても、実際に動いた時に気持ちがやはり乱れてしまう。

静かな状態と実際の動きとの整合性がとれていなかったのでしょう。

組手や乱取りで検証してみたところ、やられたり当てられる心配がほとんどなくなったのは確かでした。

とはいえ答えは明確には出ないし、自分の頭で言語化できるわけでもなく、「站樁をすれば、こういうこともできるようだ」程度のことしか整理できていませんでした。

中国でも「身体のジェネレーションギャップ」が起きていた

そんな折に韓星橋先生と子息の韓競辰先生にお会いし、そこからご縁があり、正式に弟子となって学び始めたわけです。

韓氏意拳に出会い、二人の先生にお会いして稽古を体験し、話を聞く中で、当時「ここまで深く武術の世界で身体を観ている人はいない」と思いました。

教え方にせよ身体への触れ方、人との接し方や距離のとり方。全てが「これが本当の意拳、本当の中国伝統武術なんだろうな」と感じました。

それだけにこれまで学んできたことはいったん横に置いて、「これは韓氏意拳だけに専念しないといけないな」と決めたのは、直感的に韓氏意拳の背景にある中国文化と歴史、その学術学理が膨大すぎると感じたからです。

要は中国武術は中国の歴史、文化と切り離せないわけですが、その歴史と文化そのものが広大すぎて、それこそ距離感を誤ると収拾がつかなくなります。

私は韓氏意拳を通じて中国の文明、文化史を学び始めたわけですが、とにかく複雑で膨大で混雑しすぎている。

そこは彼らも実感しているようです。私の妻は中国人ですが、「人も、歴史も、文化も、民族も多すぎる中国人は大変だ」とこの膨大な背景を見て言っています。

後列左が著者。右が韓競辰師父、前列左が王群師祖母、右が韓星橋師祖父（中国は夫婦別姓なので師祖母と師祖父の名前が異なる）

歴史も文化も民族も多種多様で、どうまとめていいか分からない。

けれども歴史の厚みがあって、経験と知識が膨大にあるものだから、ありとあらゆる思想から兵法や策略はもうできあがっている。それが強みになると同時に先読みの先読みになって迷いにもなるため弱みにもなる。結局、身動きがとれなくなっていたずらに動くという粗雑さに陥ってしまう。そういう大変さを感じるようになりました。

站椿という稽古法は王薌齋が提示した意拳より以前には、おそらく武術の世界で存在しなかった稽古方法です。

站椿と言われるような、ただ立つ練習の前身には、道教の導引《どういん》や少林拳の易筋経《えききんきょう》や五禽戯《ごきんぎ》はあったにせよ、これらは動きながら時折静止して自分を観ていく練習方法でした。

清朝が滅び、中国が本格的に近代化に舵《かじ》を切り始め、混迷を深めていく中で意拳が誕生したのは、非常に象徴的です。

というのは王薌齋はもともと形意拳《けいいけん》という武術を学んでいました。この形意拳の稽古法はずっと動き続けます。形式を練習する中で感覚を摑《つか》んでいくのですが、だんだんとそれを把握できない人の層が増えてきた。

つまり、第一章で述べたような「身体のジェネレーションギャップ」が中国でも起きたのです。王薌齋はそれを「武術界の形骸化の始まり」と呼びました。

身体感覚で分からないのに動き続けることは、ただうわべをなぞるだけの形式化された慣習に過ぎません。

そこで身体感覚と内景を観る目を養うことが必要だと王薌齋は感じ、銭現堂《せんげんどう》など伝統中医学、導引、易筋経、五禽戯を研究していた兄弟子の力も借りながら站椿を発案したのだと伺っています。

おそらく王薌齋は前近代と近代の身体のジェネレーションギャップを埋めるために、当時の中国の新世代に一昔前の形意拳を稽古する上で失われつつあった身体性を站樁を通じて残そうとしたのではないかと思います。

漢字的な身体観による教伝

そういうことに思い至ったのも、一つの武術だけではなくいろいろな流派を学び、様々な人たちと交流し、身体の多様性を経験的に知ったからだと思います。

私が訪中した二〇〇三年といえば、中国社会の激変期の幕開けでした。意拳が生まれた時代が七十〜八十年前の身体的ジェネレーションギャップが劇的に開きつつあった近代ではあっても、まだ当時は中国において文化が地域とつながっていました。

例えば河北省に住んでいる人なら、わざわざ南方の武術を習いに広東省まで行きません。

河北省の深県《しんけん》なら、その地域で盛んな形意拳を学びます。福建省や広東省ならその地域に根付いた白鶴拳《はっかくけん》や詠春拳《えいしゅんけん》を稽古します。地域文化とのつながりがその人の自覚されない強さを育てるということは、ハワイアンの例ですでにご承知だと思います。

中国武術にも地域文化と身体性の融合したものが発達していった歴史があります。地域性でいうと、韓競辰先生の育った新疆《しんきょう》ウイグル自治区は砂漠地帯で、冬の最低気温はマイナス四〇度くらいになります。練習は厚着をして、肌を空気にさらさないようにします。冷気、冷えが入ると病気になりやすいからです。

その頃、韓星橋先生の弟の韓星垣《かんせいえん》先生は上海から香港に移住し、意拳を教えていました。韓星垣先生は上海時代に黒社会（中国のヤクザ）の人間からお金を巻き上げていたような武闘派で、中国内陸部で共産政権が成立した頃には香港へ移住していました。香港で教えていた時の映像が残っていますが、教える内容は似ていても上半身裸で短パン姿で練習しています。

意拳の特徴は伸びやかさにありますが、韓星垣先生の系統は伸びやかさはあまり言わず、身体を締めてまとめていくような感じの站樁が特徴です。

兄弟での個性による表現の違いもありますが、環境による教え方の違いや、同じ似たような行為でも環境の変化で伝える上での要点の違いが自然と生じたようです。

少し単純な捉え方になりますが、暑いところで伸びやかにすると弛《ゆる》むから、ちょっと身体がまとまる練習をしたほうがいい。寒いところでまとまるともっと寒くなり固まり冷えるから、なるべく伸びやかに動く練習から入るほうがいい。

同じ意拳でも違う派生の仕方をしたわけです。

地域性や環境の違いによる体系や教え方の変化は相当あると思います。

しかし、そうした地域性と密接な身体観は現代の中国武術では全く考慮されておらず、完全に文化が地域から切り離されたことで、地域とつながりのない個人主義に向かっています。

北に住んでいても詠春拳を選べるし、地域にゆかりのないテコンドーや空手も中国で盛んです。

韓氏意拳を通じて、文化と地域の関係性だけでなく、中国文明のありようとそのもとでの身体性についても学習することができました。

姿形は日本人と似ているように見えて内実が全く異なるのは、風土という環境の違いだけではありません。

人間の場合は人工的に整えられた環境の差異も身体性に影響します。

ある言語を使うのも環境操作になるので、言語や概念によって作られた社会の中で培われた身体性というものがあります。

例えば、私たち日本人は漢字だけの文字で過ごすのは、ちょっと窮屈さを感じます。

ひらがながなく、カタカナもなく、アルファベットもなく、全てが漢字でびっしり埋められていると思うと、身動きがとれない感じがあるかと思います。

ひらがなと違い、漢字は一つ一つの文字に意味があります。

でも、中国人からすれば、そちらが普通です。

そういう隙間のない身体性、身体観が文化的に共有されている「普通の感覚」と感じるわけです。

では、異なる文化がその隙間のなさに接すると何が起きるでしょうか。

私がついそのことを忘れてしまい、妻がイラッとしたり、私がイラッとすることがあります。彼女は日本語を用いながらも、身体観が中国人なのです。何か向こうが聞いてきて、私が答える。でも、そのあとは無言です。これが中国のやりとりだと、無言なのは「理解した」ということです。

しかし、私の中に「分かった」という一言を求めている自分がいて、「分かったの？」と聞いたら「分からなかったら訊《き》くでしょ？」ということになるわけです。

主動だけで受動がない感じ。主体と主動だけです。

そこで分かったのは、禅問答のやりとりです。漢文で読むと問答の展開が早い。あれは言語体系の影響だと思います。

ということは、もちろん身体の動きにも差が、漢字的な身体性があるということです。

中国の文化においては物事を点と線で捉え、面から体になっていく。文字を書く上で楷書から入り行書へ移り、やがて草書のように他からは見て取れないかもしれない文字の世界、具体的な形体を失っていく表現になります。つまり段階に意味を持たせているわけです。

それが武術においても共通していて、漢字的な身体観で教伝が行われているのだと思います。

私たちが中国っぽい伝統的な動きとして想像するのは、太極拳のようなものでしょう。あれはボクシング的な空手といった、西洋風にアレンジされた静的エクササイズとしての中国武術です。

一般に広まっている太極拳は、東洋的な思想は思想として用い、実技においてはムーブメントとエクササイズの感性と考えで再構成されています。

本来は太極拳も漢字の書き順のように「式」があったのです。けれども、今はどこで区切りがついているのか分からなくなっています。それがかえって今の中国人には斬新に見えるのではないでしょうか。

中国の伝統武術は「式」「招式」「套路《とうろ》」を通じて学んでいきます。

式と型はカテゴリーは同じだとしても、式にはより無自覚化していく傾向があります。

例えば数式です。「1＋1＝2」と言われれば、大した疑問も持たず、無自覚に受け入れていきます。結婚式の行事の順番や伝統儀式、祭などの伝統行事にも格式があります。どうしてそうなのかと聞く必要もないのは、「それはそうだから」ということが共有されているからです。

ひるがえって「型」は職人の技術の伝承のようなものです。

どうしてそういうふうに削るのか。なぜそれを塗るのか。そのように仕組みと、その仕組みに対する経験的な理解が入ってきます。そのことで一つ一つの細目を次代に伝えていこうとします。

だから中国人のように漢字が母語の言葉であれば、いるにはいるでしょうが、白川静《しらかわしずか》さんのように、あえて母語である漢字の意味を言及する人は少ないのかもしれません。

これも漢字を母語の言葉として日常の道具的に使う「式」とするか、その意味を言及すべく「型」とするかの違いなのかもしれません。

型はひらがな交じりの文と同じで、間を置いたり、滑らかさがあったりと緩急がついています。

しかし、中国武術は漢詩のように間の緩急が短く、日本武術のような間や拍子の取り方がありません。どちらかというと指をパチンと鳴らす「即」が連続する感じです。漢文を読んだり書いたりするように、漢字が隙間なく並べられていくような緩急が短く連続する感じがあります。

時代や文化と言語は切り離せないし、身体と文化も切り離せない。言葉の特徴によって身体性も違ってきます。

人間である以上は人間の身体がそこにあります。その身体から人間の経験と行為が発生していって、生活環境や社会形態を形成していきます。

言語以前に人間の身体があり、そこから言語が派生していくなら、環境と身体の間で文化が生まれるわけであり、また文化の一部として言葉や言語があるわけです。

身体、文化、環境、これらをバラバラに見ることは本来できないのです。

第三章

近代文明化した
西洋の身体観に
支配された
明治以降の日本

「corps」を「身体」と訳した明治期の人

日本でも中国でも時代によって文字や言葉の意味が変わっています。

日本でいうと、現代人の用いる言語は明治以前と異なっているため、縄文や弥生の言葉の発音やイントネーション、意味を知ることができないばかりか万葉や平安の頃の文章を読むことも簡単ではないでしょう。

前章で「身体と言語、環境、文化、時代は切り離せないし、身体観や感性によって言葉の特徴も違ってくる」と述べました。ということは、時代の変遷に従って言語が変わるたびに身体も変わっていることになります。

当然ながら日本人としての同じ身体が原始時代からずっと変わらず続いてきたわけではありません。

これについて、案外、私たちは無自覚なのです。

例えば胡座《あぐら》の組み方についてです。今では結跏趺坐《けっかふざ》の足首を外した形に近く、けっこう深く組みます。けれども源平から戦国期までの絵を見ると浅く組んでいることが分かります。

実は、現代のように正座が正式な座り方とされるようになったのは江戸時代でも一部の武士階級のみで、正座の名称も江戸時代にはなく、「つくばう」「かしこまる」などと呼ばれており、全くメジャーな座り方ではありませんでした。「正座＝正しい座り方」が名称として使われるようになったのは明治以降で、江戸時代の風景画を見ると一般の人は様々な座り方をしていたことが分かります。

浅い足の組み方の胡座だと幅をとり、広く座るので武将などが自己主張でき、自分を大きく偉そうに見せることができます（写真）。各武将が幅を利かせたい身体観の時代だったこともあり、表現がそのようになったのかもしれません。

もともとは千利休《せんのりきゅう》の茶室なども正座で座るルールや拘束はなく、利休の子息なども立て膝で茶の湯をしていた記録があります。そういうゆったりした座り方を前提に作られたそうです。

江戸時代になると、民間の人たちの縛りはそこまできつくないにせよ、武家社会は秩序がかっちりと決まり、参勤交代なども設けられ、各藩および各藩士に慎ましさが要求されたので、身体も縮こまらないとい

馬上少年過
世平白髪多
残躯天所赦
不楽是如何
伊達政宗画像（写真提供：仙台市博物館）

けなくなりました。

明治になるとそこからまた大きく変わりました。

西洋文明の輸入と共に工業化、産業化が開始され、「文明開化」は一大ムーブメントとなりました。

変転する時代の目新しさに庶民は「なんだこれは?」と目を見張り、驚きにかられます。「古いものなど捨ててしまえ」と、新しい為政者もそれまでは権威のあった城や仏像を壊しだします。世に言う廃城令に廃仏毀釈《はいぶつきしゃく》です。奈良の興福寺の五重塔は薪《まき》にされそうになったくらいです。

明治に入り、人々はこれまでの暮らしを支えていたものに古臭さしか覚えなくなり、近代化というムーブメントの持つ斬新さ、新奇さに心を完全に奪われて持っていかれてしまったのです。

そこからさらに西洋の文明を取り入れ、学ばなければいけないとなったものの、いたずらに目新しさに気持ちを奪われたせいか、輸入物をよく理解しないままに安易に取り込んだ形跡が多々あります。

言語においてもそうでした。

官民問わず、明治の知識人は様々な言葉を造語し、新たな日本語と概念を作り上げました。

例をあげるとフランス語の「corps」を「身体」と訳しました。

このcorpsの語源であるラテン語のcorpusには軍隊という意味があり、屍体《したい》という意味もそこにあります。

どうして身体と軍隊、屍体が同じ言葉から派生するのでしょうか。翻訳した言葉だけを見ていても分かるはずはありません。corpusの言葉と定義を生み出した文明と文化的背景を理解しないと見えてきません。

実は、これらの概念の根底には一神教であるキリスト教の影響が深く関わっています。聖書によると人間の身体は泥からできたもので、神から与えられた精神が人間の身体に宿って初めて人間になります。

ボディや肉体（flesh）、屍体（corpse）などの軀体には大した価値や意味はなく、身体に崇高な精神が宿るからこそ人間になると信じられています。

というのも精神を媒介して唯一なる神と人間は通じ合え、神から命が与えられるからです。

ボディや肉体（flesh）は神から付与された精神によって働く「身体」となって初めて意味を持ちます。

また、西洋においてはいかなる指導者や王でも神の名の下に大義名分が得られないと軍を動かすことができません。

正義を立証し、認定した敵を倒すのも「相手を神に反している悪」とするからです。主体を神に置き、軍を動かす原動力を「神から与えられし精神」とするわけです。

肉体（flesh）と屍体（corpse）では、前者の身体は生きており、後者は身体は死んだ状態を指していますが、どちらも精神のない抜け殻であり神から与えられし永遠不滅の精神が宿らなければ、なんの価値もない〝物〟でしかありません。

西洋文明の根底には、こうした一神教の身体観が影を落としています。

ちなみに、この今の日本人が使っている「精神」という語も明治になって「Geist, spiritus」から作られたものです。

精神は現代人に非常に馴染みのある言葉ですが、西洋の一神教の身体感覚を踏まえて使っている人はほとんどいないでしょう。

むしろ日本にも古くからある言葉だと思って使っている人が多いのではないでしょうか。

ある能楽師の方から、「やはり精神面だけでなく筋肉や筋力を鍛えて肉体を強くしないと能をする身体はできないでしょうか？」と尋ねられたことがあります。

世阿弥《ぜあみ》は日本に精神（Geist, spiritus）も肉体（flesh）もない時代に生まれ、生きた人です。

新たにできた言葉を通して古典や古《いにしえ》を捉えてしまっては、本来の意味するところが見えないどころか、現代人の身体感覚で理解できる程度の感性に制限を受けた「伝統」や「古典」になってしまいます。

キリスト教文明の身体観

西洋はキリスト教の影響を受けるに従い、原罪を教えの中心におくことで、「本能」「欲」が宿る「人間の肉体・身体は取るに足らない些末《さまつ》なもの」という考えを受け入れるようになりました。

やがてキリスト教の「City of God＝神の都市」と「Earthly City＝地の都市」などの理念を確立したアウグスティヌスは、物質性・物質的現実世界から人を救済するには神の導きにより、人は精神・霊性（spiritus）を獲得すると信じていました。使徒パウロによる「人間の肉体は家畜であり、そこに唯一なる神から与えられし崇高な精神が宿されて初めてその存在に意味を持つ」との教えに従い、精神（spirit）と身体（corps）の定義を設けました。

人間が家畜を飼い馴らすように、精神が意識を通じて肉体をコントロールして、ようやくまともに「身体」が機能するとの信仰ができあがりました。

そういう思想や考えが支配的となった文明であれば、「神が存在し、精神がなければ身体は操作できない」という身体観が育ちます。

この「精神がなければ意識して身体は操作できない」という考えと感性に対し、今の日本においても、「確かにそうだ。何事も精神力が大事だし、意識して身体をコントロールしないと身体は機能しない」と共感する人も少なからずいるでしょう。

しかし、そのように答える時、大変な誤解をしている可能性が高いと言えます。

なぜそう言えるかというと、例えば私がアメリカ人に「Where does our spirit come from? Where do we come from?（私たちの精神や私たちはどこからやって来るか）」と質問したら、「Up above, from God, the all mighty.（神から）」と当たり前のように答える人が少なくありません。

そこで「精神がなければ身体は操作できない」と理解している日本人に同じ問いかけをしたらどうなるでしょう。

私が日本で指導する折にその質問をすると、皆が考えあぐねます。

精神はもともとあるもので、「どこからやって来るか」また「どこへ帰って行くか」といった問いかけを行う対象だと考えたことなどないかもしれません。

精神がどこにあるか、また何によってもたらされているか。日本においては、これらについて考えることは、人間が生きて行く上で重要な命題であり、真剣に検討すべきことである、という認識が共有されているとは言えません。

そもそも毎週日曜日に教会へ行きませんし、問題があっても十字架を前に手を合わせたり懺悔《ざんげ》しに教会へ行く人はほとんどいませんから。

それにもかかわらず「Heaven God, the lord, all mighty.」をなくして「精神を統一しろ」「精神修養が大事だ」と安易に言う人は実に多い。肝心の精神（Geist, spirit, spiritus）が何か分からないまま、それが大切だと精神を口にしています。

こういった癖が明治期に外来語を下手に日本語に訳して用いてから改善されないまま続いています。

本来なら精神（spirit）の「統一（unity）」も「修養＝retreat, development, cultivation」も教会において神との間で行うものです。

要は精神は唯一神と通信するための媒介です。

精神とは神とコミュニケーションをとるために必要な、神から与えられた私の一部であり、これが一神教のコンセプトです。

ひるがえって日本はといえば、同じ〝神〟という言葉を用いても、何にでもどこにでも神を見出す多神信仰、自然神信仰です。トイレにまで〝便所の神様〟が単体でいます。

神が唯一神であると言われてもその思想には実感が湧きませんし、そもそも日本の文化圏で培われてきた身体観から唯一神への信仰は生じ得ません。

したがって唯一神から与えられた精神は持っていないし、精神が帰る先も存在しないので、相当無理して観念化しないと精神の実感が湧きません。

日本における〝精神〟の理解は、「精神主義」とか「精神を錬磨する」「精神を鍛える」といった表現で用いられるように、「何だかよく分からないし、何に向かっているか分からないけれど、がんばらないといけない」といった程度のことで、それを言っておけば「もっともらしく聞こえるようなもの」でもあります。

なお、英語圏の人は日本人の言う「精神主義」とは少し異なる感性を持っています。

例えば「We must train ourselves spiritually and physically.」のように、「自分を精神的にも肉体的にも鍛えるべきだ」とはアメリカなどでも言いますが、これは神から与えられた精神という大前提と、肉体は至らぬ存在で私たちが意識を用いて鍛えなければならないといった思想が無自覚にも根底にあり、言葉の由来から考えると、精神には神に戻っていくという広がりの概念が備わっています。

この広がりの抽象化された感覚は日本語においても共有されています。だから私たちは抽象化された精神という言葉に使いやすさを見出すのでしょう。

抽象化された概念はプロパガンダやキャッチコピーとしても打ってつけです。

ただ私たちには唯一神に戻る身体観や感性、文化が根底にありません。

「希望ある未来を」と言われると、「確かにそうだ」と思うし、感じるでしょう。それと同じで「精神力でがんばろう」と言われたら、なるほどと同意してしまう。

けれども何も具体的なことは示していません。

だから、「じゃあ、どうする?」という話に戻ります。

戻っても、そのがんばろうとしている「精神」が何だか分からない。

そうなると、とりあえずわけが分からなくてもがんばろうみたいなところに行き着くしかない。

「精神主義＝spiritualism」というマジックワード

精神とは主義ではなく、神が人間に授けた働きであり、人間の外部にあるものであり、神とコミュニケーションをとるための媒体です。

唯一神と交信して心を落ち着かせるため、人は精神を使って神と対話し、懺悔《ざんげ》したりします。精神とはそういうものです。

当初の「spiritualism」とは〝唯心論〟と訳されており、「materialism＝唯物論」の対義語として存在しました。

しかし、明治期の日本人は、西洋の身体観、文明を十分理解しないまま輸入し、表面的に利用するという乱暴なことをしてしまったのです。

清沢満之《きよざわまんし》が精神主義なる言葉を流行させ「精神主義＝spiritualism」を定着させた形跡もあり、また対義語としても「物質主義」を「materialism」とし近代英訳用語を新たに作り出しました。

異文化理解という言葉をよく耳にします。

本当は腰を据えてかからないと異なる文化は理解できません。というのも、こちらの身についた物差しでは測れない違いがあちらにはありますから、理解を阻むものがあることを知っていくと、そこに葛藤が生まれざるを得ないからです。

分かるところだけを分かって済ませると安易で表面的な理解で終わってしまう。そういうことも踏まえた上での異文化理解でないと本当のところは分からないはずです。

西洋の文物を輸入して生活に取り入れることに日本人は成功したと言われ、またそう自負もしています。しかし、表層的に成功したがゆえに深い理解に届いていないという問題を今なお抱えています。

例えば衣服です。

見た目にも分かりやすい西洋の衣服文化に日本人は強烈な印象を覚えたと思います。服を着るのはたいていの国に共通しているため、装いの仕方や機能、デザインの違いには注目できても、身体観の違いの理解にまで至ることはなかなかありません。

日本では着物がそうであるように、だいたいの尺寸が合うとあとは身体を服に合わせます。

ところが西洋では服や靴の寸法を細かく測って身体に合わせます。

今でこそ洋服は既製品を当たり前のように着ていますが、本来はテーラーメイド、オーダーメイドが基本です。一人ひとりに合うように一着一着を採寸して作っていました。

そのプロセスを理解しないまま西洋の文化を輸入したため、本当は身体に合う服や靴を作らないといけないのに、着物を着る感覚を引きずったまま洋服を着ようとしました。

そこでどういうことが起きたかといえば、象徴的な例をあげると、戦前の軍隊では少々サイズの合わない靴であっても「靴に足を合わせろ」と言われたそうです。

西洋文化をよく理解せず、何事も精神次第だという考えが洋式の軍を貫いていた一つのエピソードとして伝えられています。

靴擦れができては行軍《こうぐん》に支障が出るので、全く不合理な話です。

そうは思いつつも、当時も今もこの逸話に対して単に反感を覚えるのではなく「そうかもしれない」と頷《うなず》きかねないところを感じる人もそれなりにいるのではないでしょうか。

つまり、最初は合わないけれど、やっていくうちになんとなくうまくいくという考えに対し、肯定的に捉えてしまう。それは「型」を通じて物事を共有しようとする文化が今でも残っているからでしょう。

しかし、靴は西洋のムーブメントの文化がもたらしたものです。

草履《ぞうり》や下駄のように少しずつ馴染むよう決まった鋳型に足を合わせていく履き方ではなく、本来なら靴は個人の足に合わせて作られるものです。

型の考えをムーブメントに持ち込むと、前章で述べたボクシングと同じで、結局は自分がやっている運動形態とやっている身体との矛盾が埋められなくなります。

「やっていくうちになんとなくうまくいく」といった、最初は不自然な感じがするけれど、やっているうちに自然になる。

この考えは、一見すると問題がないように見えます。

確かに生命は寛容で、天命が来るその時まで、どんな冒瀆《ぼうとく》を身体に働こうとも、身体が不自由であろうとも、誰であろうとも私たちを生かしてくれます。

しかし、その天命が訪れることに甘んじ不自然さを追求するようになった人間という種は、不自然さに自然を感じるようにまでなりました。

よって人間においては「自然な感じがする」からと言って、それが本当に自然かどうかは別です。

無理にでも慣れれば自然に感じることもできるのが人間です。

人工的に操作された不自然な環境に自然と馴染むことで培われた感性と、自然界の中で自然と養われた感性が果たして同じかどうかは疑わしいものです。

言葉のすり替えと身体の変容

ガイスト、スピリットを精神、フィロソフィーを哲学と訳すなど、漢学の教養のあった明治期の知識人は、造語をたくさん生み出し、そのことで西洋文明の考えを日本に定着させました。

それら西洋の語彙《ごい》や意味は日本の風土や歴史的背景からは生まれなかった概念ですか

ら、取り込む際には齟齬《そご》が生じ、激しい拒絶や葛藤が起きてもおかしくありませんでした。

裏を返せば、だからこそ植民地支配において、宗主国は支配した国の言語を奪い、宗主国の言語で話し、思考するよう教育するのです。

なぜなら意味の共有が生じた途端、言葉の魔法がかかるからです。

魔法とは何かと言えば、ハワイの友人である喧嘩屋ジェームズがボクシングを習い始めた途端、弱くなってしまったというエピソードを思い出してください。

「言語的な理解を強《し》いて、定型にはめる教育を施すと、あっという間に弱くなる」と先述したように、異文化の言語を学び、理解してしまうことの問題がそこにあります。

つまり、言葉を学び異文化の概念を共有した途端、相手から感情や思考、身体観に介入されるようになります。

だからこそ宗主国は言語政策を行うのです。

言葉のすり替えによって相手の文化的共有の根を奪い、弱らせることができ、こちらの価値観に相手をはめられるからです。

しかしながら日本の場合、自ら求めて西洋の文明を学び始めたわけですから、そうとは知らずして自己植民地化を進んでいったと言えます。

「他文化の感情や思考、身体観に介入される」ことによって、私たちは西洋という他者の視点で自らを捉えられるようになります。

そうして客観的な態度を身につけることは、同時に自分のありようを疑い始めることにもなります。他者の評価の中で自分を捉えるのですから、そうなって当然です。

教育の問題はそこです。それが生き物としての隙、弱さになっていくわけです。

世界情勢に対する危機感があったからこその開国と文明開化でした。

しかしながら、その選択によって別の危機を迎えたことに対して、先人らは鈍かったようです。

西洋文明の産物を理解するにおいて取っ組み合うことをせず、漢字の造語という言語のすり替えで間に合わせようとし、しかも間に合ってしまった。

確かに一部の文化人は反対しました。造語で置き換えるのではなく、「民主主義」は「デモクラシー」、「社会」は「ソサエチー」とそのままカタカナ表記にしようとしました。

結局は、漢字の意味はみんなが共有しているから造語でだいたいの意味が分かればいいではないか、ということに落ち着いてしまいました。わざわざカタカナ表記にすると意味の説明まで教えないといけない。それでは手間がかかるというわけです。

だいたいの意味が分かってしまうことで本質が見えなくなってしまった。ひいてはよく分からないまま「精神」「身体」と平気で言ってしまう事態を生んでしまったわけです。「身体」という言葉を作ってしまったことで、私たちはそれまでの「からだ」を「シンタイ＝corps」として捉えるようになりました。

それまでは「からだ」に対し、體や軆、軀、骵、躰、体という語を当てており、一つ一つの〝からだ〟は異なる経験を意味し、それらの変化を経て現代の日本で用いる「体」という表記にまとめられるところに辿り着きました。

大陸においても象形文字の「體」から「体」へすぐに変わったわけではありません。ある時代を生きた人がそれぞれ「からだ」をどう捉えていたか、そこにどのような経験があり、どう感じて、どう観ていたか？　という移ろいの物語があります。

私たちは同じ人間であるから、どの時代も、文化圏も、個人も同じ身体をしているとつい思ってしまいます。しかし、そうではありません。

私が観ている身体、経験してきたこと、感じている身体、その身体の捉え方が違えば、その身体から観えてくる風景、感じられる世界は当然変わってきます。

明治以降、現代人の多くは「身（シン、み）」と「体（タイ、からだ）」を特に分けずに「身体（シンタイ、からだ）」として捉えており、「身（み）」と「体（からだ）」の見分けがつかなくなりました。

しかも、身体はとても分かりづらくコントロールしにくい不便なものとして感じる人がほとんどで、怪我をするし痛むところもあれば、病気になったり、なかなか私たちの思い通りになりません。

だから病院や治療院に行っては、赤の他人にこう言います。「私の身体を診てくださ い」と。

私たちはいとも簡単に他人に自分の身体を委ね預けます。車や機械と同じく専門家にお願いして身体を修理してもらうのです。

もしくはマニュアルがあったらもっとうまく身体を動かせるのではないかという考え方を当たり前のように持ち、流行りの健康法や治療法、身体操作法、ボディワークで身体の動かし方を習いに行くわけです。

現代人である私たちは自分の身体を〝もの〟として扱い、そのことに疑いを持ちません。

自分とは別に身体があって、それを操作できる感覚が普通となっています。

そこから「操作しないとうまく動かない」「思い通りにコントロールできないとオカシイ」と思っているということは、ずっと自分はコントロールする側とされる側の対関係で生きているということです。

また、多くは何もわざとそのようにしているわけではなく、そのことを自然だと感じてしまうようになりました。それは無論そうなる理由があってのことです。

例えば大陸で最初に「體」という言葉を作った人は「骨が豊かだ」と感じたからこそ、そのような感覚経験を象形文字で表現したわけです。

昔の人々の感性からすると體とは「もともと豊かで」、あえてどうこうコントロールしなくてもいい対象でした。その豊かさをただ見つめ、感じていればよかったのが體であり、自分の存在だったのです。

現代人の多くはおそらく身体が豊かとは感じられず、どちらかというと煩わしく常に操作やコントロールしないといけない対象のように感じているのではないでしょうか。

また、同時にその身体から逃げ出したがっています。

自分の身体は扱うのも面倒だし、身体が生きていること自体に責任を持ちたくないから、自分はせっせと身体から逃避して医者や健康法に任せてしまいたい。

自分という存在は意識や自我、精神であって、調《ととの》えられた環境の中でなら身体に関わらないままでも今は十分に生きていける。なんの問題もない。そう感じている節があります。

私たちは自信を持って、自分の身体に自然に従い人生を生きて、そのまま立派に自然に死んでいくことがなかなかできなくなっている時代にいます。

身体が「體」に戻るための手がかりは、和語の「からだ」にあります。

自分に目を向けた時の「からだ」とは「からだま（殻魂）」ともいわれ、「殻だ、空である」という感覚経験からできた言葉です。

つまり、空っぽで何もない経験こそが「骵（からだ）」だったのです。

一方、身は実（み）と似た感覚経験で「ある」「つまっている」「みちている、みつる」感覚経験を意味します。

「カラ」は「なさ」や「空っぽさ」の経験を意味し、身（み）と体（からだ）はもともと別の意味を持っており、それぞれすみ分けて経験を理解していました。

これも一例に過ぎませんが、明治期に外国語をもとに身（み）と体（からだ）をくっつけた言葉を作ることで西洋文明の価値観を示す言語の取り込みはうまくいったものの、観ていた「からだ」が「身体」にすり替わったことに対し無自覚であったがゆえに、自分の中の何が「身」で何が「体」なのか分からなくなってしまいました。

挙げ句の果てに、自分の身体との対話を放棄しつつもコントロールしたい欲求に駆られるような、矛盾した生き方を普通にしてしまうようになったのです。

私たちが自分の存在に無責任になったことにも必然性があります。

人は楽を求め、しかもそれを可能にする科学技術による環境操作が時代を経るに従い向上しています。そうした進歩によって、私たちは自由がかなったと感じています。

夏は暑いのが自然です。

しかし、人間はその自然さを負担に感じます。

だから住む空間をコンクリートと鉄筋で固め、クーラーを発明し、そのことによって密封された空間の中で楽に過ごせるようになりました。

これも人間にとっての自由の実現の一つです。けれども、楽だから自然かというと、そうではありません。

クーラーがなかった時代の人々は、それが普通だったからクーラーの存在を知っている私たちほど不快に感じなかったかもしれません。コンクリートのビルなどもないので無論、環境も違います。

しかし、負荷を避け、周囲の自然を壊し、楽を求めるところに人間としての自由があります。

そのため木を伐《き》って土を掘り返し地面を平らにし、そこに鉄筋コンクリートの建物を建て、クーラーをつけて快適に過ごします。

自然ではないけれど、そのような行為が自由や楽の象徴であり近代文明の証《あかし》となります。

ややこしいのは、自然と直接向き合わない、刺激の少ない状態が本当に楽で自由かと言えば、実はそうでもないことです。

私たちはコンクリートの建物よりも山や川に自然を感じます。

そちらのほうが自然なことは誰でも分かっています。

けれども自然の中で自然のルールと共に過ごすことは楽ではありません。勝手の許されない制約が多いため不便で不自由を感じます。

自然の中で自由を求めると「山があれば削って、川を掘って快適な環境にすればいい」という振る舞いに行き着きます。

そういう発想のもとで最終的には環境に対して自滅的な原発まで造りました。

人には自我や本能と、それらが求めるものを実現できる知能やテクノロジーがあり、そうして社会の完成度が高まるほど、個としての生命力は弱まり、一昔前の身体性は消えていかざるを得ません。

社会は人工物でありながら、人間にとって身近であるがゆえに、私たちはその生まれ育った環境を自然に感じてしまいます。

そこで人間社会の構造も多様な自然界の環境の一つとして捉えるなら、現代人の身体を消そうと自分の存在から逃避する流れに沿っていくのも環境適応であり、今の時代を生き抜こうとする強さの獲得かもしれません。

暑くて乾燥した砂漠の環境に強い人が雪国でも同様にタフかというとそうではありません。オールマイティの強さはないわけです。

様々な環境に適応できるのが人間であれば、自然に近い循環型社会と現代文明の先端であるコンクリートで保護された環境の中での便利なネット社会とを比べた時、生きて行く上での難易度はどちらが高いか分かりません。

前者のような自然の中で生きる生活が大変なことは確かです。ただ、そういう暮らしを支える能力は人類のベースにあるし、人間の歴史では長らくそれが「普通」でした。

しかしながら、今の現代社会でそれを「普通」というのはかなり難しくなってきました。

生活の中で無自覚に養われる「身の程」

かつて人の暮らしは広大な社会ではなく、互いの顔が見える村や町のつき合いの範囲で営まれました。

その規模の共同体では「身《み》の程《ほど》」で生きることができました。というよりも、それ以外の生き方がありませんでした。

親が農家なら子供も小さい頃から自然と農を学び家を手伝う。家が豆腐屋なら大豆の植え方から仕入れ方、豆腐の作り方を見て育ち、子も自然と家業を継ぐ。職を変える人もいたでしょうが、できる仕事は限られています。世の中の流動性が高くないため、そういう生き方が当たり前でした。

現代人からすれば、職業選択の自由がないし、閉鎖的で限られた人生に多様性のなさを感じるでしょう。

しかし、いくら選択肢が増えようとも、また共同体がかつてより広くなり、社会や国家の範囲になろうとも人間の集団が閉鎖的な側面を持っているのは古今東西変わりません。なぜなら人は同種性と日々の安定を求めるからです。

誰しも日々を穏やかに暮らしたいと願っています。そうであれば昨日と同じ今日が続き、事を乱すような異種はいないほうが共存しやすいと考えて当然です。

昔も今もある程度の人が集えば、その中で同調性が生じ、共感を求めるのは普通のことです。

ただ、今も集団は閉鎖的であったとしても、近代社会のメンバーの求める意図した同調性は「自由」や「平等」という広がりのある概念を元にしています。

それ以前の共同体では、この場の出会いや話し合いで同調性や共感性がいかに発生するかを重視していました。だからどこの共同体も今よりもよそ者には厳しかったのです。

よそ者は共同体のしきたりを何も分かっていない。ということは、その村では赤ちゃんより下の存在です。

それなのに今までの経験で分かったような気になっていれば邪険に扱われても仕方ない。概念ではなく、生活レベルで互いに同調性や共感性を求める。「郷に入れば郷に従え」とは、そういうことでしょう。それに応えられるかどうかでコミュニケーションは成立します。

私は以前ハワイアンのコミュニティに住み、まさにそのことを実感しました。

ハワイはアロハ・スピリットに象徴される、開放的で誰でも受け入れてくれるようなイメージを持たれがちです。

しかし地元のコミュニティは閉鎖的、というよりもいたって部族的でした。

どういうことかというと、その人が身の丈でできることしか、まずは信用されません。

「同じ人間だから」というような、概念に同調性を持たせた上で自分が何者であるかについて説明することに慣れた現代人は、プレゼンテーションの要領でこれまでのキャリアだのアイデアを話せば、コミュニケーションの糸口を摑めると思うかもしれません。けれども部族的コミュニティにおいては、それは全く説得力がありません。

コミュニティに入ろうとするなら、そこのしきたりを知らなくてはいけない。

まずは相手の話を黙って聞いておく必要があります。

そうして観察して、相手の話す言葉を真似るようになると、向こうも「少しは分かっているのかな」という雰囲気にちょっとずつなってきます。

私の場合、黙って聞いていた期間に、少しずつハワイアンの使う言葉を身につけていきました。ハワイアンの言葉は、ハワイ語をはじめとするポリネシア諸島の言葉と英語やポルトガル語、日本語、中国語、プエルトリコ語、フィリピン諸島の各言語などが混じった「ピジン・イングリッシュ（ハワイ・ピジン英語）」と呼ばれているものです。これを私は話せるようになり、最終的には「ヒデは高校は地元のヒロ・ハイスクール、それともワイアケア・ハイスクールのどっちを卒業したんだっけ？」と地元の人間と勘違いされるまでになっていました。

コミュニティのメンバーは、こちらが黙って聞いているかどうかだけでなく、行動を起こさないといけない時に起こすか。踏み入ってはいけないところで思い止まれるか。そのあたりも見ています。

決まった基準をもとに機械的に見るのではなく、生物としての生態を、昔で言う器量や度胸を見ています。

ハワイアンと接することで、部族的なコミュニケーションについて学ぶと同時に、それと関連して、私はなぜ彼らのような部族から武術の流派が生まれにくいかが分かりました。

部族の暮らしぶりは日の出と共に起き出し、日没で一日を終えるなど、その間にすることは一貫しています。

限られたメンバーの中で、出すぎず引きすぎずの駆け引きが日常茶飯事として行われています。

そうした日常の駆け引きが相手と実際に向き合う時に技として表出してくるだけなので、武術という暮らしから独立した形として生じにくいのでしょう。

例えば東南アジアの首刈り族は、首を刈る型を持っていません。刈るための技の練習もしません。日々、生活の中で動物を狩り、鶏を絞めるのと同じことを闘争において行うだけです。

その代わり、どこの部族もレクリエーションで相撲《すもう》的なことは好みます。

それが彼らの生活と一体となった文化の伝達方法でもあり、肌と肌で安全を確認するための身体のコミュニケーションなのです。

日本でもかつては「ちびっこ相撲」が各地で行われたり、学校の休み時間や公園で友達同士で相撲を取っていましたが、今はそういう光景を目にすることは少なくなりました。

猛々しさで知られる部族も同種同士で笑いながら裸で組み合うことを楽しみます。

そういうコミュニケーションを無自覚のうちに子供の頃からするので、人体の構造や仕組み、人の心と身体の動き方や互いへの加減を自然と感覚的に学習していくのです。

こういうふうにすると相手が崩れるとか、ここが弱いとか、相手と自分の同調性や共感性を経験的に学び、そのことで自信がつき、一人前の振る舞い方を身につけられたのです。

身体にはいくつもの層がある

映画『マトリックス』では、武術を使うために、その技術や動き方を後頭部のジョイントから情報としてダウンロードするようになっていました。

現にインターネットを通じての各流儀流派の開放により、技術論や動き方に関してはすでにそうなっています。

このように情報だけで技術や動き方を理解しようとすると、取っ組み合っての触れ合いで身体の構造を知るという経験はありません。

私たちが身体から離れ、どんどん概念化された身体性が進むとそういう発想にならざるを得ないでしょう。

これからは「概念上のバーチャルな身体」のやりとりがリアルに感じられる傾向はいっそう強まることになるでしょう。

すでに「概念上のバーチャルな身体」は、コマーシャルや漫画、アニメで描写されています。

私たちはスポーツジムのコマーシャルが提唱する肉体が身体のリアルさや美しさの基準だと思い、そのイメージと概念を共有しています。

だから流行《はや》るわけですが、私たちは個々の感じ方まで教育されているのです。

このような時代に武術を学ぶ意味があるとしたら、私たちが普段「体」と思っているものは、概念上のやりとりの中で共同幻想のイメージで作られた「身体」であり、そこから目を覚まし、その共同幻想、さらには共同幻覚に気づいて、自分の「身」と「体」を多少は見分けられるようになることだと思います。

気をつけたいのは、現代人の身体観が悪い、昔は良かったといった単純な話ではないことです。

イメージ上の現代人の身体も、武術の稽古が見せてくれる古の体と身も、どちらも異なる現実の一部としてあります。

ただし、ここは見分けがつくようすみ分けておかないといけません。

つまり「一人の人間だから体は一つ」というのは、あまりに簡略化されすぎた物理的な観念で人の存在を捉えすぎています。

それこそが概念上のバーチャル化された共同幻想としての身体です。

先人たちは、「体」を表現するのに躰や體といった様々な語を用いました。古人は体は一つではなく、多様だと知っていたのです。

体にはいくつも層があり多様性があって、それぞれが観えたり観えなかったりします。

体はいくつもあると考えたほうがいい。

例えば私が日本語を話す時と英語や中国語を話す時では、同じ私でありつつ違う自分が現れます。

私自身はうわべでは変わらないにせよ、感じていることや思考していることが英語や中国語という型を用いることで違う私が現れます。

ですから、言語は頭で理解するものではないのです。

英語を話せるようになるには、英語的な身体観がなければならない。必ず言語には文化と身体観が干渉しています。

それが言語の源にある文化的特徴であり、その文化特有の身体観となります。それも体には様々な層があるからこそ、起こり得ることです。

子供たちがビデオ・ゲームを懸命にしている姿を見て思うのは「新たな概念のバーチャル化した身体をいろいろ構築しておかないと、これから先を生きて行くことが厳しくなること」を直感的に分かっているからなのだということです。

要は、これからの社会形態に最も要求される感性と身体観を自分の中に作っておく必要があるのです。

今の大部分のお年寄りのように、今の大人である私たちも次世代の彼らが扱うテクノロジーにはついていけなくなるでしょう。

イメージと実際とを使い分け、わきまえておく。状況に合わせて自然と言語を切り替えられるのが人間の多様性ならば、バーチャルな概念の身体も理解しておき、それはそれとして概念の世界で用いる。その社会の中で生きて行くためには、その術《すべ》を鍛えておくことも必要だから彼らは彼らなりにゲームに懸命なのだと思います。

本来は左右がアシンメトリー（左右非対称的）な身体の働き

バーチャル化された身体がもたらされた背景には、西洋と東洋の身体観の違いよりも、産業革命以降の変化が大きく作用しています。近代文明化が進む中で、それ以前の古典的な身体観との違いが決定的に変わりました。

機械産業の発達と共に生産性を求める工場では、働く人各自のペースやリズムではなく、時計や工場の機械などに合わせて人が働くようになっていきました。

そのような労働を常識として考えるようになった社会構造では、ルールも機械的になり、私たち自身が工場の製品のように自分に一律化を求め、隣で働く人と違わないようシンメトリー（前後左右対称）に、いわば工場が作り出す規格化された製品のような身体観と感性を養うようになりました。

そして、いつしかシンメトリーに揃える自分を理想とし、それを求めることを普通と感じるようにまでなってしまいました。

教育の現場などがまさにそうです。

私たちは学校へ行くと席順から朝礼まで、何から何まで工場の製品のように前後左右に整然と列ぶことをまず教えられます。

工場で作られた製品のように生産性を求められて、それを教育と呼んでいるのです。良し悪しはともかく、それが今の社会に参加し、働く上では必要な感性だから学校ではその機械論的な身体観を育む教育が始まるわけです。

そのような身体観と感性を内蔵し、生産性を求める社会構造の中では、誰しもマトリックス（幻想世界）の中にいるようなものです。

私たち自身が自分たちを皆と同じようにシンメトリーに一律化していき、ルールに従って身体を統御することで、労働や生活までシンメトリー化していきました。

その身体観に違和感を感じてはいます。

けれども、私たちの頭脳にとってはバーチャル化されたシンメトリーな身体観のほうが分かりやすく、概念としても共有しやすいため、それを「身体の定義」としたのです。

その一方で、古代からの経験として生活の中に歴然とあるのが、アシンメトリーな身体観です。

左右の手足で異なる役割をこなすことを自然に感じるのが、アシンメトリックな普通の身体観です。

しかし、シンメトリーを要求する社会構造に適した身体や「頭や概念で理解しているシンメトリーな身体観」が求められるため、普段から感じている身体と頭が理想とする身体に矛盾を感じながら生きています。それが現代人の大多数でしょう。

オリンピックで世界記録を伸ばしたウサイン・ボルト元陸上選手は脊柱側弯症《せきちゅうそくわんしょう》で足の長さが左右で三～四センチほど違うと言います。

記録を伸ばした時のレース中の歩幅の左右差は、右足で蹴った場合の一歩の歩幅二メートル五九センチに対して左足で蹴った一歩の歩幅は二メートル七九センチと、左足のほうが二〇センチ大きかったことが確認されました。

この事実に対する最初の周囲の反応は「左右非対称というハンデを抱えながらも速く走れるなんて凄い」でした。

私は彼の身体が左右非対称だと聞いた時から「だからこそ速いわけだ」と周囲に話していました。

しかし、これももし当人が「自分は左右対称でないとオカシイ」「非対称であることは間違っている」と思い込んでいたとしたら、周囲や自分の先入観と自分の身体が感じていることの矛盾が生じ、左右の非対称性に本人が苦しむことになっていたかもしれません。

身体の状況や現状、感覚に従うことが第一義で、頭の中の理想的な〝こうあるべき、あるはずの身体〟を二次的にしておかないと自身の身体の自然には従えません。

この左右非対称性の力学はそこまで難しいものではありません。

例えば左右で考えると分かりにくいかもしれないので比較的わかりやすい前後の大小長短の違いで説明しますと、自転車のチェーンとスプロケット（チェーンが掛かる歯車）の大きさは、前後で違いズレがあることで回転率が上がります。

もしスプロケットが前後同じ大きさだったら回転が遅くなります。

その自転車を横から見ると左右対称が回転率が悪く、左右の非対称性で回転率がスムーズに良くなっていることが窺えます。

また日本の古流柔術の稽古方法では必ず左右をアシンメトリック（非対称的）に用います。日本の古流剣術においても全ての技法や型がアシンメトリーで、剣道でも古流剣術の名残りがあるところでは右の籠手《こて》を表籠手と呼び、左の籠手を裏籠手と呼ぶことから左右に表と裏の違いを感じていた先人の感性の名残りが窺えます。

また、古流武術の伝書を見ても形と身体の裏表の左右で伝書の技法が全て書かれています。

天神真楊流柔術の伝書・第拾の『気と躰との説』では、

「昔日當流に於て秘傳為したる處　必ず先つ己が方寸の元氣を養ひ　弛み怠らしめす事物に心気を停むる事なく　宜く萬業の基本たる處を堅固に保ち守らしむるなを要とす基本

既に定つて業を成せは如何程働き動くとも元氣能く決して缺損することなく　左に力を用いるも右の空しき事なり　亦　右を働すも左弛ます　前後上下に隙なくして起居動静共に其氣を損する無きに至れば眞に大丈夫と言ふ可きなり」

と記載されており、最後の「左に力を用いるも右の空しき事なり　亦　右を働すも左弛ます　前後上下に隙なくして起居動静共に其氣を損する無きに至れば眞に大丈夫と言ふ可きなり」はまさに左右の非対称的な集注のさせ方を述べています。

さらには中国の古典用語の「左顧右眄《さこうべん》」などでは、左右の見方において「左は斜め後ろへ過去を顧《かえりみる》（ふりむいてみる、心にかける、いつくしむ、たずねる）、右斜め前から未来を眄《かえりみる》（流し目で見る、見まわす）」とされ、「左右の意見や周囲を気にせず流されないような迷いなき決断力」の意味を示す成語となります。

逆に「右顧左眄《うこさべん》」は右を顧《かえりみ》、左を先から眄《かえりみる》（わき見をする、見まわす）ことで、意味は「周囲や、人の噂を気にして決断を下せなくなること」とされていました。

このような成語も明治以降に意味が汲み取れない身体観で訳す人が訳したせいか「右顧左眄」も「左顧右眄」も同じ意味の成語であると辞書にまで書かれるようになってしまいました。

まさに訳者自身の「左も右も分からぬ、周囲を気にしすぎて決断を下せなくなる」身体観や感性から、乱暴にも「右も左も同じ」といった身体性や人間の感性が身体の一般論になるところまで今や来てしまっています。

古今を矛盾なく生きるために、私たちは近代文明化の中で身についた感性と古の時代から伝わる身体観と感性を見直し、シンメトリーに身体を捉える感性とアシンメトリックに身体を捉える感性の意味と違いを十分に理解し、整理し、そこから身体のベースを考え直していく必要があると思います。

第四章

気と健康と死を
身体観から考える

昔、人々は、「人間は『気』で生きている」と考えていた

古典中医学の本には、人体の解剖図《かいぼう》が描かれているものもあります。

そこから分かるのは、中国では相当古い時代から解剖が行われてきたということです。ところがそういった知識を得るくらいの研究はあったにもかかわらず、その後は解剖学的な身体性を古典中医学ではベースに使いませんでした。

人間の身体を経絡《けいらく》、経脈《けいみゃく》、経穴《けいけつ》や気穴《きけつ》などで捉えようという方向で発展することを中医学は選びました。

そのほうが人間の生命を理解し、病《やまい》に対処するには有効だと、実践を通じて結論に至ったからでしょう。

インドも同様で、プラーナ、チャクラなど解剖学的な対処方法ではないところで進化してきました。

もちろん中医学もインド医学も止血したり、膿《うみ》を切開したり、皮肉が切れた時は縫い合わせたりといった応急処置はしたようですが、ただ、それ以上のことは外科医療、解剖医療で求めませんでした。

西洋では古代ギリシャにおいてpsycheやpneuma（風、空気、息、存在の原理、精神、魂、霊魂）を認め、無物無形の働きが生命の規範となるとの考え方はありました。

ただし、西洋では古代から形而下の有形有物論、つまり元素などに根拠を求める物質還元主義的な思想と考え方が主流であったようです。

東西の古典の世界では、西洋医学の流れを汲《く》む現代医療が提示するような「肉体的、物理的に見たままの体」ではない身体観と感性を大なり小なり観ていたのでしょう。

つまり現代人とは全く違う感性と身体観、事物の捉え方がその時代にはあったと考えたほうがいいようです。

私たちとは全く違う感性で身体を観ていたことは古典的な身体を動かす体系や文献からも見て取れます。

そこから窺えるのは、生気を生命の起源とする論であり、また「気」で身体を理解できる感性と身体観がバックボーンとしてあったことです。

人間は「気」で生きている。そのことで生命が成り立っているという考え方が「生気論」「生気説」です。

古の「気」は日常の生活の中にあった

その古の時代の感性によって導き出された生気論を理解するには困難な時代に、私たちは生きています。

なぜなら近代文明の発達以降「気」を物質的に理解しようとする「気の科学化」と、神秘的に気を扱う「気の特殊化」の二極化が生じてしまい、今やどちらか一方か二つの組み合わせでしか「気」を理解できなくなっているからです。

「気の科学化」というのは、あくまで気を物理的に捉え、物質として解明できる対象として扱おうとする手法です。

日本では一九八〇年代に気ブームが起きて、科学で解明しようとし、欧米に至っても科学的なエネルギー理論や量子力学を使って気の説明を試みました。

もう一つの流れは「気とはオカルトチックな神秘現象だ」という捉え方で、いわば「気の特殊化」です。

こちらは、気とは科学でも解明できないほど神秘的で特殊な現象だというわけです。

多少の武術的な要素と暗示を通じた気のパワーで人が飛ばされるとか物事に変化が起き

るといったことが話題になりました。

しかし、生気論のいう気は科学的説明の範囲にあるものでもなく、また、そのように分かりやすいオカルトチックで超常的な神秘現象のことでもありません。

もっと暮らしの中で揉《も》まれてきた、本来は身近な存在が「気」「生気」なのです。

実際、日本では平安時代に中国から多くの文献が輸入され、日本に住む者の感性に「気」という言葉を与えてもらう中で「気」に昔から馴染んできました。

近代に入ってもしばらくの間は、日本でもまだまだ「気」は日常的なものでした。

例をあげると、大正時代に出版された天神真楊流柔術の解説書には、「下腹に気満ちること」や「気と力と志の区別と一致」といったように、取り立てて気について説明されることもなく語彙が使われていました。

そのように、気は理解されていることを前提として書かれています。生活の中に普通にあるものなので、それ以上説明する必要がなかったのかもしれません。

生気論から気を理解し経験することが人間の未来に関わる

ところが時代がくだり、近代化が進む中で科学で解明できないものはオカルトや神秘として扱う傾向が強まるにしたがって、生活から気が取り外されて特別なものになり始めます。

そうはいっても、一方で昔の名残を私たちは無自覚に留めており、事あるごとに気を用いています。

「気になる」や「気がかりだ」「気が向く／向かない」「気に入った」などいろいろな使い方をいまだに生活の中でしているわけです。

例えば、私のところへ習いに来る人に「今日はなぜ私の講習に来ようと思いましたか？」「今日できたであろう多くのことの中からなぜ私の講習を選んでくれたのでしょう？」と尋ねます。

すると「書籍を読んで、一度やってみたいと思い来ました」とか「人に勧められて来ました」などの答えが返ってきます。

さらにそこで「読んだ書籍も私のものだけでなく、武術／武道や身体に関することでも多くの選択肢があったと思うのですが、なぜ〝今日、ここ〟を選びましたか？」と尋ねると「気になったから」「分からないけど来たいと思いました」といった答えが出始めます。

つまりそれは「気が向いたから来た」とも言えます。

なぜなら誰一人として「気が向かなかったけれど来ました」と言う人はそこにいませ

ん。真面目な方が多いので「気が向いたから来た」などとは言わない人ばかりですが、気が向かなければどんな理由があったとしても来なかったでしょう。

しかし、それは今の時代は「意識して、客観的に説明できるような行動をとることが善」とされ、「よく説明できないけれど気が向いたからやってみた」は悪いことと見なされがちな世の中なので、多くの方は「気が向いた」程度で稽古に参加しに来たとはなかなか言えません。

そのような世を生きる感性とも気の扱い方はつながっています。

気とは、生活の中で用いられるもので、科学的でも特殊神秘化されたものでもありません。

こうした気こそが、本来の生気論で言われている「気」です。

また生気の「生」とは「生まれて来ること」「生きること」「生きて行くこと」の三つの「生」から成り立っており、それらを総括して生気の生を定義しています。

誰しも「生まれて来ること」があったからここに存在することができ、生きています。しかし次いで「生きること」は人間だけでなく、動物も植物も、事物全てがそうです。

「生きて行くこと」、すなわち「生きる上での行い、行為」は人間特有のものです。

私たち人間には、自分たちの営む社会形態としきたりに沿って生きるといった行為が必要となりました。

動物のように単なる個と群《むれ》の動きだけで生きるのではなく、そこに自らが作り出した社会形態や「道具のための道具」に従うための行為が生じます。

「道具のための道具」とは、例えば造船のためのノコギリを鉄を打って作るための道具といったものです。

動物は枝だとか手近にあるものを道具として使いますが、人間だけが「何かのための何か」を果たすために道具を用います。これが人間にとっての「生」と「種」の特徴とも言えます。

その「生」「種」が辿ってきた道のりと、これから進むであろう方向に深く関わっているのが生気論から見て取れる気の経験なのです。

生気論における無と有、事と物

生気論では、生命は「気」から成り立っているとしています。

自身に対するいかなる判断も問いかけも、なぜそう判断、選択したのかを詰めて考えていくと、最終的な答えは「そのような気がしたから」「気が向いたから」もしくは「気が向かなかったから」としか答えようがないわけです。

〃それでは答えになっていない〃と言う人もいるかもしれませんが、もしかしたら、それは単に問いの立て方に詰めの甘さがあるだけなのかもしれません。

人間は人類誕生以来、有史以前から今に至って、生命についてなんの説明もできていません。個人レベルでも自分がなぜここにいて、どこから始まったのか、なぜ存在しているかは分かっていません。これは事実です。

どれだけ科学が発展しても所詮は優生学（eugenics）の延長線上にあるような遺伝工学（genetic engineering）や遺伝子操作（genetic manipulation）による遺伝子の研究に行き着く程度です。

遺伝子をどこまで物質的に追究しても生命への答えは出てきません。

少なくとも電子顕微鏡なり何なりを覗き込んで遺伝子を研究している人が、自分自身の存在や、生きていることへの答えを電子顕微鏡の向こう側からは知ることができないでしょう。

要は「なぜ生まれて来たか」「どこから生命は生じたのか」「なぜ私は存在するのか」という根本的な問いに対して今なお誰一人として答えられていないのに、その得体の知れない生命を操ろうとしているわけです。

生気論の考えで言えば、「なぜ生まれて来たか」に対しては、原因は分からない。しかし、自分が生まれて来たことへの問いをとことん詰めたら自分の意志や意識が働く以前の感性や感覚の源泉にある、「気が赴いたから、気が向いたから、その方向に生まれて来た」という答えに至ります。

また、「人が種としてなぜここまで生きてこられたのか」の問いへの答えは、人の形体をとる以前から私たちは「気の赴き、気が向く方向」を糧《かて》にここまで生き延びてきたということです。

無論、その時代には今のように人工的に整備された社会形態の中で共有される知識や情報、メディアもなく、自然界の中での直観と本能だけの世界がそこにありました。その直観と本能の源にあるのが「気」であると古人は言っていました。

中国の道家《どうか》に「無中生有＝無から有が生じる」という教えがあります。

その気から生命が形成される過程では、まずは何もないところに「事」が生じ「物」が形成されていきます。

事と物の関係は、そこに何もない空間があるからこそ何か「事」が生じ、その「事」が「物」を形成します。

例えば、植物が土の上に芽を出すには、土の上の空間が空いている必要があります。

その空間がすでに何かで満たされていると次の「事」が生じ得ません。自然と何かが生えてきてその空間を満たすにも、人が建物をそこに建てるにしても「そこに何もない」「空いている」といった条件がなければ何も生じません。

生命現象が経験される時も同じで、まずは自分の中の「無、なさ」や「空、空っぽさ」を経験するところから始まります。

その「何もなさ」「空っぽさ」を静かに観つめていくと、そこに何かが立ち現れてきます。それが最初の「何かが生じた」「何かがある」経験になります。

その何かが生じ、そこを満たす現象と感覚経験を「ある、在、有」と私たちは呼びます。

そこに生じた何かが私たちにとって最初の「ある」経験となり、私たち個々における感覚経験上の現実の規範となります。

しかし、感覚は何かが「ある」ことを捉えることはできても、何かが「ない」ことを捉えることは少し困難です。単純な分かりやすい感覚で「物」は捉えられても、「事」を捉えることができない理由もここにあります。

感覚が生じるための前提条件となる感覚以前の「こと」と、さらに「こと」の大前提となる「無、なさ」「空っぽさ」を経験的に知るにあたっては、自分の体感覚の世界に入り、何かが「ある」感覚経験と「ない」内面的経験の「ある」と「ない」のコントラストをクリアにし、〝こと分けて観ていく〟稽古からまずは入ります。

その内面的な感覚経験として何かが「ある」ところから入りつつも、その「ある」経験の発生源である「無、なさ」や「空っぽさ」を垣間見る目が稽古で養われてくると、「ある、有」と「ない、なさ、無」のコントラストの違いが〝こと分けられる〟ようになり、「無中生有」が単なる思想や考え方でなく実際の経験として理解できるようになります。

その「なさ」を満たそうとする「ある」が生じたことを知る最初の兆《きざ》しが「感、感覚」となります。

その感覚は名残惜しくも生じては感覚以前の世界へ消えていき、何もない気と事の世界へと戻っていきます。

そのような経験を経て、何かが「ある」世界から、何もない「なさ」を垣間見て感じられるようになります。

私たちが孤独感や寂しさを感じている時には、その「なさ」を経験しています。

その時も静かに自分を観つめていくと、その孤独感や寂しさから何かが生まれようとします。

このような気に関する経験は、私たちの深いところや浅いところで常に私たちに影響しています。

しかし同時に気を日常で「気になる」や「気がかりだ」のように使いながらも「気」を改めて考えてみると、それが何を指しているかが分かりにくく、どうしても物質還元主義の世の中では観念的に捉えてしまうか、よく分からないがゆえに「気」を否定しようとします。

しかも、まやかしで、その場しのぎに「気」を口にする先生や師範も確かにいるので事をさらにややこしくします。

私の稽古会では「気を向ける」「気にかける」「気にしてみる」などという言い方で気の集注の話をしますが、最初は意味するところが分からない人もいるので、「気持ちを向ける」と言い換えると、何かが「ある」「生じた、生じる」感覚経験が規範となるので、少し捉えどころが出てくるようです。

「気を向ける」と聞くと、皆が皆ではないですが、つい特定の対象を意識して何かを行うことのように思ってしまいがちです。

これが「気持ちを向ける」だと、意識が身体の胸のあたりへと下り、そうした目標に意識を向けようといった頭からの集注は薄らぎ、胸のあたりからの気持ちの集注が対象に向けられます。

気持ちは意識と異なる内面的な経験で、対象に対して意識を持続しないといけない焦点を持たないので、必要に応じて方向性を生じさせてくれるだけです。

ですから例えばですが、先述した天神真楊流柔術の解説書も現代人の感覚で読んで、「下腹に気満ちること」を「お腹を意識すること」と理解してしまうかもしれません。

しかし、それでは教えが言わんとしているところに私たちの理解が届かないわけで、経験的にわけが分からなくなります。

仮に、それで肚《はら》を強く意識して「満ちる」感覚を想像して作り得たとしても、それはバーチャルな実感を意識的に作ったからに過ぎない場合がほとんどです。

何事も意識的に行うことを良しとしている現代人にとっては、気の曖昧《あいまい》さは耐えがたく感じるかもしれません。

しかし、そうすると意識の外にある身体と経験がますます観えなくなってくるので、さらに意識が対象化できないことが曖昧にしか捉えられなくなってくるでしょう。

頭脳労働が多い現代人は普段から気血が頭に上がり逆行している

おそらく今の現代人のほとんどが、昔の人から見ると「気逆《きぎゃく》」状態で生活を送っています。

頭をよく使い、頭に気を上げて、意識して何かを行うことを常の習慣とするあまり、現代社会では気が頭に上がりっぱなしで生活を送る人も少なくありません。

頭脳労働ばかりか、仕事の合間でさえもスマホやパソコンを覗き込むことが普通になっている今、気が頭に集注してしまうため胸や肚まで気が下りず、普段から気が足元のほうへは向かなくなっています。

中医学では「気が血を導き、血は気に従う」としており、病気の元になる条件として「気滞《きたい》・気虚《ききょ》・気逆」などをあげています。

その観点からすると、現代人の多くが特に腰から下の足のほうまで気が回らず気虚になっています。

また、気滞が頭、首、肩に生じやすくその箇所が存在しすぎ、臂《ひじ》や腰、膝などは気虚となり存在が虚《うつ》ろになる反動から、その箇所が存在意義を訴えてきて、痛みや違和感などを提示してきます。

そういう状態が現代人の身体性として普通になっています。

そのため不眠や動悸《どうき》、めまい、頭が重い、腰痛や肩こり、膝の痛みや故障など、いっこうに治らない症状として慢性化している人も多い。

それも仕方ないのは、頭脳労働や頭脳を使ったレクリエーションが中心とされている今の生活様式や社会形態では、どうしても気が上がる生活の送り方にならざるを得ないからです。

頭を使って大量の情報をミスなく処理しなければいけない。期日も決まった中で、息つく暇もなく次の仕事に取り掛からなくてならない。一服して気持ちを落ち着かせることもままなりません。

仮に気が静まってしまったら、むしろ時間に追われるような働き方はできないでしょう。

常に気逆し、気滞させた状態だからこそ身体に気を向けることなく意識を外に向け続けながら働けるわけです。

ただし、そのような状態が続くと、寝る時も気が頭のほうへ上がったままで身体に気が下がらず、目はつむっていても感覚的には目を見開いたまま寝ることになります。寝ているのに意識の身体が起きている。いわゆる目が冴えた状態です。当然、不眠症になります。

そういう人があまりに多くいるせいでしょうか、私のところに習いに来ている、ある鍼《しん》灸師《きゅうし》の方に、「おそらく今の人は、どこに鍼《はり》を打っても、どこから治療のアプローチをしても今よりは必ず良くなる身体をしている」と私が言ったら、全くその通りだそうです。ほとんどの人の身体の状態がひどすぎるから、どこの経絡から鍼を打ってアプローチしても今よりは良くなる方向へしか身体が向かいません。

もちろん鍼を打つ側のうまい下手はありますが、少し経験がある方に鍼を打ってもらうだけで緩み、気が沈まり、血が巡り始めるので、症状が緩和するのです。

他の施術法、治療法やアプローチにも同じことが言えます。裏を返すと今の時代ほど施術者や治療家の実力が問われない時代はないとも言えます。

このような時代だと、観る人が観れば気がどうなっているか分かっても、私たち自身が身体の気が静まっている身体観を当たり前に感じ、気を察知して生きていた世代から遠く離れてしまったがゆえに、他人に自分の身体を診てもらう云々以前の、自分で自分の身体に目を向ける術も分からなくなっています。

そのような状態で、気から生命が成り立っているという話を聞いても「なんとなくそんな気がしないでもない」とは思えても、経験的に理解する機会が暮らしの中から得られないので、本当に腑《ふ》に落ちるところまで行き、得心することは難しい。

けれども、やはりおもしろいのは私たちが重要な判断を下す時に、なぜそうしたかを言うとすれば、最終的に「気」にまつわる一文を口走ることが多いことです。

なぜ彼や彼女、奥さんやご主人と一緒になったのかと尋ねると「気が合ったから」「気が合うから」「互いに気に入ったから」と答えます。

そこまで人生の一大転機でなくとも、何かを買う時になぜそれを選んだのか？　と尋ねると「気に入ったから」などと答えます。

また他にも「なぜその時に、そのタイミングでそこへ行ったのか？」と訊くと「なんとなく気が向いたから」「なんとなく気になったから」といった説明にならざるを得ないのです。

なぜ気が合ったのか、気になったのか、気に入ったのかを科学的・論理的に説明しようとしてもどだい無理な話です。

「なぜ気に入った」かについては「気に入ったから」以上の答えは出ないわけです。

多くの場合、私たちは科学技術がここまで発展した世の中でもいまだにこのような「気の経験」を〝意味が説明できない最終的な結論〟として用いるわけです。

家畜としての身体から機械の身体へ

私たちが慣用として普段の生活の中で気を用いながらも、生気論を感覚として理解できなくなっているのは、近代西洋化と共に輸入された機械論的な身体観が関係しています。

では、西洋において機械論としての身体観、感性が広がり始めたのはいつからかと言うと、ヨーロッパ中世から近世の転換期に出現した哲学者のデカルトの活動以降が一つの分岐点だったと言えます。

機械論的自然観（Natural mechanism, Mechanistic view of nature）はプラトンの時代からありました。デカルトはそれまでと違い、人間の身体を神や精神の家畜とせず機械論（Mechanism）的に扱い始めます。つまり人間を物理的、客観的に数値化するといった還元論的な感性を彼は提示しました。

ヨーロッパの精神風土に影響を与え続けたキリスト教においては、崇高な精神が家畜の上に降り、下等で欲まみれの体をコントロールして動かす。このような身体観のモデルがありました。

しかし、デカルトおよびデカルト主義者はその説を否定します。

人間の身体は家畜のように下等で、言うことを聞くか聞かないか分からないあやふやなものではない。「身体は客観的事実を集合させて作られた、自由意思によって操作できる機械的な存在である」と定義します。

これはとても斬新なアイデアでした。なぜなら機械である身体は我々の精神と自由意思によってコントロールし動かすことができるからです。

しかも精神が自由意思を十分に発揮さえすれば、より精密にコントロールすることも可能なのです。

人の存在や身体が機械になぞらえるようになって、人間は我が身を機械のような死物として見るようになりました。

その後のフランスをはじめとするヨーロッパの外科・内科医療の急激な発展を見れば明らかです。外科医療では以前からアンブロワーズ・パレなど切開手術を施す者はありましたが、一六〇〇年代を境にして医療は急激に発展してきました。身体の死物化はエスカレートし、人間の身体を大工道具で切ったり、叩いたり、くっ付けたりと、より物として扱う傾向が強まっていきました（写真）。

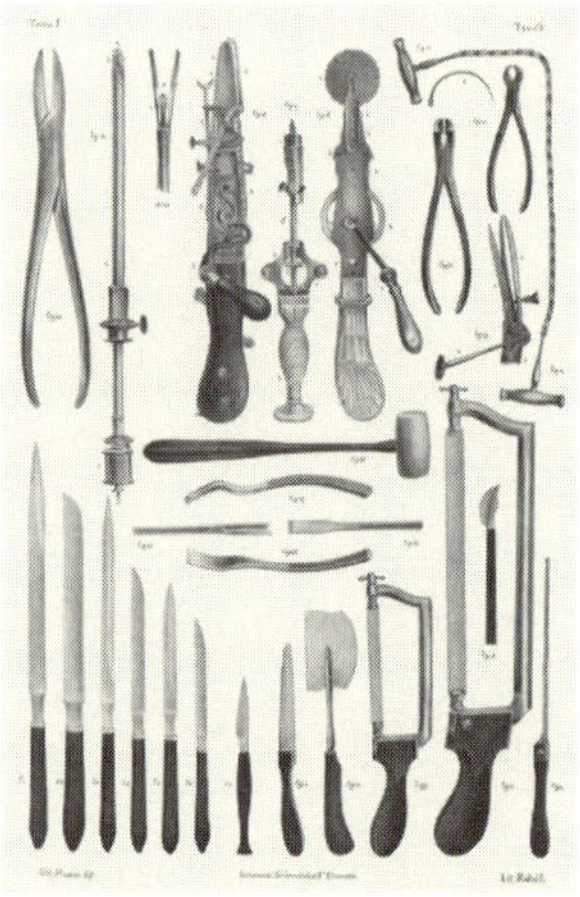
近代医療の手術道具（出典：『Crucial Interventions』Richard Barnett, Thames & Hudson, 2015）

内科医療では薬学理や注射の技術なども発展し、デカルトの後押しもあったウィリアム・ハーヴィーなどの影響で、イギリスのクリストファー・レンやウィリアム・カーテンは一六〇〇年代後半〜一七〇〇年代前半にかけて犬や死刑囚にビール、ワイン、ミルク、オリーブオイル、薬物などを注射する実験なども行っていました。

また一八〇〇年代後半にはドイツのマックス・フォン・ペッテンコーファーなどはコレラ菌を自ら飲みながら、その過程を詳細に記述しています。

このような自他の身体に対する振る舞いは、身体に対する感情を無機質化し、人間を物として見るような感性を社会全体で育み、さらには医学に科学的なバックボーン（基礎づけ）を与えることで揺るぎなく身体の機械論化が試みられてきました。

こうして内面にある心や身体観までもが無機質に機械化していった経緯が近代医療、近代科学の発展から窺えます。

しかし、ここでさらに理解しなければならない重要なことは、機械論的な身体観が概念構築され、その考えが人々に共有されるようになって、その「機械論的な身体観」が人の感性に内蔵化され始めてから、外在する機械や機械道具、機械的な社会が実際に作り出されるということです。

つまり、生産効率を第一とする産業や工業を中心とする社会に向けて、人の身体と感性が歩み始めたのです。

歴史的経緯としては、最初は人間の身体観と感性が変わり、その変わってしまった感性をもとに人の住む環境を操作し社会を構築してきました。

スタートは必ず人間の感性で、それが社会を作り変えます。社会が感性を作るとしても、社会構造は必ず身体の経験から生まれるのです。こちらのほうが先です。

機械論的身体観がヨーロッパに行き渡る中で、科学技術が急激に発展したドイツでは、その結果、何が起きたかと言えばナチスにおける生命現象の神秘化と科学化の一致です。ナチスは優生学と科学技術をもとに完璧に完成された人間である「超人」と、それを生み出す社会の形成を目指しました。

しかし同時に「完璧な人間」「完成された人間」が何か分からないまま、それになろうといった矛盾を根底に抱えてしまいました。

その矛盾が生じる理由は「完全完璧な人間」はいずこの世にも実在しないからです。そうすると自分で勝手に「完璧な人間」「完成された人間」の定義と概念を自作自演しなければならなくなります。

例えば「アーリア人だから優秀で完璧な人間である」とか「彼・彼女は何々人だから優秀で完璧な人である」といった枠組みを作らなくてはいけません。

また、その反面、完璧でない人間や完成されていない人間の定義と概念も作らなくてはいけなくなり、それに当てはまる人間として、特定の人種や障害を持つ人間を社会から除外し、殺戮《さつりく》にまで至りました。

「超人思想＝完璧で完成された人間」を生み出すための神秘化と科学化が手を携えてしまう発想の源には、機械論的な身体観と感性があります。

機械論のコンセプトは、自由意思による身体のコントロールです。

この発想の延長に、神秘でさえも科学で解明し、それをコントロールすることで完全な社会や完璧な人間を形成できるはずだ、との考えがあります。

荒唐無稽に聞こえたとしても、皮肉にも私たちの住む社会は、そのナチス的な社会形態の後を見事に受け継いでいます。

「私たちはナチスとは違う」と声を張り上げて、このことを認めたがらない先進国の人たちも少なくないでしょうが、耳が痛くても事実は事実なので仕方がありません。

それが証拠に、私たちは学校で何を規範に正しさを語っているか誰も分からないのに正しく振る舞うことが良しとされ、また物事を正しく理解することで立派な社会人になれるのだと教えられてきましたが、ここで言う「正しさ」にはなんの根拠もありません。

根拠はおろか「正しさを体現した人」「正しい人」「完璧、完全な人間」が実在しないのでどこの誰を指しているのか答えられる人はいないでしょう。いるなら私が是非お会いしたいぐらいです。

私たちは「完璧、完全な人間」である超人を求めようとした社会思想がどのような惨事をもたらしたかについて知っています。

機械論的な身体の延長に私たちが生きている以上、かつて人間が犯した罪業から免れているとは言えません。

それをある程度自覚して罪を償い、解き放っていくのが、この時代を生きる者の命題であると言えます。

ただ、その取り組みは意思だけでは行えません。

「罪人だから反省しろ、分かったか」と言われ、「分かりました。反省しました」と口に出して答えられる人は、一番反省していない人でしょう。

自分を省る行為は人に言われて生じるものではなく、それは個の内面からしか生まれません。

強制から本当の意味での反省や自省が生じることはありません。

そして、自分の中から反省の気持ちが湧いてくるには、個々が自分を省み、私の身体を通じて人間の歴史を観ていかないことには実感として分かりません。

自らの身体を通じてでしか、人間の辿ってきた歴史は実感として観えてこないのです。

どこで私たちの足腰が消えたのか。

なぜ身体を意識的にコントロールする対象と見ているのか。

そうした操作願望はどこからやって来るのか。

これらの事実を目《ま》の当たりにした上で、自分の身体に働きかけるところからしか反省や自省は始まりません。

落ち着いて身体に目を向けていくと、身体を物のように扱うことに慣れた日常を送っていたとしても、機械論ではない身体が雑音の向こう側から内面に観えてきます。

先にもあげた天神真楊流柔術の解説書の「臍下《せいか》に気息《きそく》を満たしむるようになすべし」が言うような身体です。

とはいえ、現代人はいきなり気持ちを臍下に持ってはこられません。頭に気や気持ちが上がっている状態からいきなりそこまで下ろすのは難易度が高いです。

落ち着いて、気持ちをまずは胸へ置き、そこから徐々に下ろして、「腹中に十分気息を満たすべし」にまで至る必要があります。

やはりここで言う気息も特別なことではないとわきまえておかないと、あっという間に神秘化・特殊化してしまいます。

主観なしに客観が存在すると思っている現代社会

機械論的身体観をはじめ、細菌学の確立により、現代につながるものとしての身体観を育んだフランスでは、おもしろい現象が起きています。

それは予防接種の一律の義務化の廃止です。

例えばＢＣＧの接種は任意になりました。ＢＣＧワクチンを打っても打たなくても効果の確率は同じであるという実験結果が出たので、個々人の判断に任せるという施策に国民が合意したというのが背景にあると言います。

フランスに限らず、ヨーロッパでは現代医療の限界を感じ始めており、代替療法の利用も増えています。

最初に近代産業化が生じた場所で近代的な生命観、身体観を多少なりとも見直す動きが出てきているのです。

ひるがえって日本はどうでしょう。

今なお明治に輸入した近代文明に囚われ、欧米化から抜け出すことも困難なようです。

それを表す例として最近、こういうことがありました。

うちの娘は牛乳を飲みません。ひどいアレルギーが出るほどではないにせよ、どうも体質に合わないのです。

一般的には、牛乳が健康にいいとされていても合わない人もいるのは事実です。

しかしながら給食で一律に牛乳が出されるため、学校側の言い分によれば、飲まないためには医師の診断が必要だということです。

私は病院が基本的には嫌いなので、診断書をもらうためにも足を運びたくありません。

そこで牛乳を飲まなくて済む別の方法を学校に尋ねたところ、担任の先生は「親が一筆書けば認められる場合もあります」と言い、給食を担当している栄養士は「できれば医師の診断を取ってきてほしい」と言います。

こちらとしては、たかだか牛乳を飲まないことに過ぎないのに大仰な対応を不思議に思いつつも、この申し入れで先生と栄養士があまりにあたふたしていたので、「いったいどういう基準で判断しているのだろう？」と、食育基本法に目を通してみました。

読んで初めて知ったのは、書いてある内容のあまりの支離滅裂さでした。

かいつまんで言うと、この法律は「地域に根付いた食生活」の重要性を唱えつつ、栄養の偏らない食事を推進しています。

少し考えれば分かりますが、地域の文化や風土を重んじる食育と栄養バランスのとれた食事を一律にみんなで食べることとは本来なら並び立ちません。

なぜなら異なる文化圏の地域性には必ず偏りがあるからです。

少しでも人類史や文化人類史を知っていれば、人類史は文化的に常に地域に根付いた偏食がベースにあることが分かります。

しかも食育法では「健全な心身を培い、豊かな人間性」を育む上で食事が大事だと言いながら、「健全な心身」「豊かな人間性」が何かは定義していません。

あらゆることが抽象化されているので、これでは間に立っている先生や栄養士が右往左往するのももっともだと思いました。

概念としての身体は完成度が高くて完璧なものである。実際の私たちはそうではない。機械論の矛盾がそこに現れています。

結局、私が一筆書き、責任は学校側にはないと明言し、牛乳を飲まない件については納得してもらいました。

こうした一連のやりとりの中で改めて知ったのは、日本社会の価値観が身体に及ぼしている影響の強さでした。

私たちの身体はかつてないほど社会に依存し、引っ張られているのかもしれません。

どういうことかと言うと、担任の先生は当初「牛乳を飲まない子がいることを他の生徒にどう説明すればいいのか」と一人だけ飲まない選択をすることを、困った事態のように捉えていました。

そこで私が「医師の診断があれば、牛乳を飲まない子がいてもいいんですよね？」と確認したら「その通りです」と答えました。

牛乳を飲まない子という例外がいては困ると言いながら、医師の診断という根拠があれば構わないと言うのです。

それは外に責任を転嫁できるなら問題はないと言っているわけです。

さらに興味深いのは診断に三〇〇〇円かかるため、「金銭的な理由から医師の診断を受けない」という理由であれば、医師の診断もいらないということです。

つまり、個人としての判断が全く登場せず、医療なり経済的な事情といった、完全に社会システムの中の立ち位置でしか判断できていない。

一切、自分で考えることはないわけです。

先生も栄養士もいい人で、子供の健康や教育について考えてくれているとは思います。その努力が自分の立ち位置からだけでは分からない方向に費やされていくので、いつまで経っても自分の行動に対する責任をどう取っていいか分からない。

それは先生や栄養士だけの問題ではないでしょう。

今の社会では一切の主観を放棄し、責任を「世の中」「みんな」という名の「客観的事実の抽象的集合体＝概念上の会ったことのない人」に無責任にも転嫁できるシステムが世の中の隅々まで構築されてしまっています。

だから学校でも当然そうなっているわけです。

あらゆる考えは、考えた当事者である誰かの主観から生じます。

つまり客観的事実とは他人の主観に賛同したり、共感する中で、客観性を得ていく過程にあります。

そこを飛ばして、ただ客観性の集合体が事実であると強調することを重んじ、「客観こそが事実である」と考えて、「客観＝正、善」であり、「主観＝不正、悪」と見る風潮がいまだに強く社会に浸透しています。

主観なしに客観が存在し得ると思えるのは、「特定の誰か」を経由せずに、いきなり事実だけがポンと浮かび上がるようなものです。

そもそも概念の集合体であるインターネットを利用すると、そうした客観的事実があり得ると思えてしまいます。

何度強調しても足りないのは、そのようなことは自らの身体の経験と存在を無視できるからこそ成り立ってしまうということなのです。

自信がないから抽象的な「客観的事実」に逃げようとする

牛乳が差し障りがあるかどうかは、医師に尋ねなくても自身の身体に聞けば分かることで、それ以上の説明はいらないはずです。

しかしながら、今の社会では健康について担保するのは医学だということになっています。

そもそも、この健康というものが「客観的事実の抽象的集合体」です。

あらゆるメディアを通じて、日頃から耳にする〝健康〟のもとを辿ると、おおむね「健康＝Health」と皆が言っている言葉のルーツはＷＨＯ（世界保健機関）の定義に則しています。

ＷＨＯによれば「健康とは、身体的・精神的・霊的・社会的に完全に良好な動的状態であり、たんに病気あるいは虚弱でないことではない」。

原文は「Health is a dynamic state of complete physical, mental, spiritual and social well-being and not merely the absence of disease or infirmity.」。

また、続けてＷＨＯが定義する社会的な健康の概念は、「健康の社会的決定要因により説明される。すなわち裕福で富の分布が公平な社会にすむ人たちは、健康である。また、どのような社会においても、社会的地位が低いと、平均寿命は短く、疾病が蔓延している。健康とは、病気ではないとか、弱っていないということではなく、肉体的にも、精神的にも、そして社会的にも、全てが満たされたダイナミックな状態」であり、「世界中全ての人々が健康であることは、平和と安全を達成するための基礎であり、その成否は、個人と国家の全面的な協力が得られるかどうかにかかっています」としています。

健康とは「国家の協力が必要な国家が定義する社会的なステータスに基づき決定される将来的に実現されるべき概念である」ということです。

健康とは個人の身体や身体感覚とは一切関係のない「国家が定義する概念（コンセプト）である」「国家が定義するコンセプトとしての身体的、精神的、霊的、社会的に完全に良好でダイナミックな状態」「健康とは単に病気か虚弱でないことではない」。さらには「金持ちは健康で貧乏人は不健康である」とWHOは言っているわけです。

このような言葉も概念にしておけば、客観性しかないから当事者が責任を負わなくてよくなります。

WHOなど「客観的事実の抽象的集合体」にしておくと責められる当事者もいないので「おまえが『これが健康だ』と定義しただろう」と誰かから非難される心配もありません。

客観の集合には身体や当事者がありません。

健康という我が身あっての話のはずが、肝心の身体の健康の規範には誰の身体もないわけです。

客観的とされる概念に依拠することが良いことだし、それが協調性のある生き方だと思い始めると、客観を言い訳に使うようにもなります。

何かトラブルが起きても、「規則に従っただけだ」というふうに、どんどん自分と責任を切り離し転嫁していけます。

なぜそうなるかというと、根本的に人間は自分に対する自信がないのと、今や多くがアイデンティティー・クライシスになっていることと相互していきます。

当然ながら直感や自分の判断、つまりは主観に自信が持てません。

主観の自信は経験や体験からやってきます。

しかしながら、私たちが当たり前のように受けてきた教育のコンセプトはある意味で「みんなと同じようになりましょう」なので、客観性への協調を求められます。

一昔前は日本に限らず、協調はそうした概念ではなく、親なり祖父母なりと接しながら家事や生活の所作を教えてもらう中で生じました。

そこで育まれるのが主観の塊であっても、ある意味ではよかったわけです。

こうしたコミュニケーションの典型が職人です。職人が頑固なのは、今の世の中が大事にしている「みんなとの同調」が極めて少ないからです。

だからといって、職人に客観性がないわけではありません。

主観を貫き通して「これしかない」というものを作った時、自分の価値観で「これはいい」と感じ、「これならいける、他の人にも受け入れられるかも」という客観世界が発生します。

それは多数派のみんなの意見に影響されていない、主観を通り抜けた先に現れる客観世界です。

世間の言う客観性は、「あの人が『これが良い』と言ったから良いはずだ」という、抽象化されたものでしかありません。

そこへいくと職人の客観性は、物や物作りという具体的な媒体を離れることはありませんでした。

職人に限らず、かつては一人ひとりに共感する媒体があったのです。

それは共同体の文化や、祭り、共同で作業をしなくてはならない田植えなどでした。

そうした活動を通じて共感は発生したのです。

しかし、今は共感の場が「客観的事実の抽象的集合体」という名のバーチャルな世界になっており、そうすると思想や概念に引っ張られやすくなります。

健康一つとってもそうです。皆が皆、その定義の出所と根底的な意味も問わず「こうすれば健康になる」「こういう数値でないと健康とは言えない」と一見うわべでは具体的に見えても根底には具体性のないものに共感を覚えられるのは、想像や理想の世界をもつ人間の強みでもありますが、今はその強みが裏目に出ているのだと思います。

健康は大事か？　死は不健康か？

いろいろと世の客観性について言及してきましたが、ここで私自身の健康に関する主観を言うとすれば、先述の通り病院が嫌いで、これまでの人生においてなるべく関わらないようにしてきました。

病院へ行ったのは、思い出せる限りで言うと二回ほどあります。

ハワイにいた頃、膝を割って、ずっと放っておいたら菌が入って発熱してしまい、動けなくなりました。親に懇願されて仕方なく病院へ連れて行かれたことがあります。

あとは日本に帰国してから数年後、どうも腰が痛いからＭＲＩで検査してもらったところ、腎臓結石が見つかりました。

現代医療のいいところは、機械で大雑把《おおざっぱ》な把握が可能なところです。痛みはともかく状況が分かればいいので、あとは経過を待ち、放っておいたらいつの間にか尿と共に石は出たようです。

病院で治してもらおうという気がないのは、結局のところ、医師も根本的には知識の範囲での事実提起しかできず、生命を治す術がないからです。

一人ひとり死ぬ時期は天命として決まっていて、そこが決まっているから、その間はどんな難病にかかろうと死ぬことはない。しかし、天命が来たら生命は個人の軀殻《くかく》からは離れていきます。

人は天命により生まれ、天命により死を迎えるということです。

結局のところ人間にできることは、その時が来るまでよく生きることだけです。

しかも身体を通じて自分を知っていく、他者を通じて自分をより深く知っていく。それが生きている間にできる精一杯のことです。

生きている間に自分の中に目を向けていくことで、この軀体《くたい》から去るにあたってもスムーズに抜けていけるので、生きている間に自分の中の「自分を生かしてくれているそれ」をどう観ていくか。

「それ」を魂と言ってもいいでしょうし、生命と呼んでもいいでしょう。

この世に生を享《う》け、生まれて来た人は常に随時随所で死に向かっています。

それゆえか死に方を決めるために生きているところが私たちにはあり、死ぬことが予《あらかじ》め決定しているから悔いなく生き切れるわけです。

人生を生き切るためには一瞬一時を生きながらも死に方を決めつつある自分もそこに必要です。

古代中国では魂（コン、たましい）のほかに魄（ハク、たましい）があることを経験的に知っていたようです。

どちらも血肉といった軀体以外の何かで、現代においては生命という意味合いが一番近い表現かもしれません。

ただし生命と異なるところは、「魂」のほうは体が朽ちることに影響されず体がなくなって、そこを去っても消滅しません。

しかし「魄」のほうは亡くなると軀体を去る魂とは違い、体に残って体と共に朽ちていき、消滅していくと観られていました。

魂と魄を生と死の狭間で自分の内面を観る。ひいては身体を観るとは、生きている間にここから去っていく自分と、共に朽ちていく自分を整理することでしょう。

全部残すわけでも全部去ってしまうわけでもない。

去って存在し続ける自分と朽ちて消滅していく自分とがいて、それらを生きている間にうまくすみ分け整理整頓していく。それをさせてくれるのが体だと思います。

昔の人はこういうことは経験として知っていて、だから「魂《コン》」と「魄《ハク》」を見分けられたのでしょう。

去る私と朽ちていく私。

この考えからすれば、健康というものはごく最近の考え方だということが分かります。健康が大事だとする考えは、下手をすると昔の人が不老長寿を求めるあまり死を遠ざけようとすることになります。

では、死は不健康で不自然なことかというと、そうでもない。生きている以上、死ぬのが自然だから死は健全です。

健康・不健康と身体を対立的に捉える考えはどこから来るかというと、これもやはりどこにいるか分からない「完璧な人間＝超人」というモデルからです。

当事者としては実在せず、存在しないが、みんなが目指している正しい健康体＝完璧な身体、人間。

その健康という概念に自分を合わせようとするけれど、概念である以上、どこにも当事者は存在しない。

そのようにして身体を概念的に捉えてしまう発想は、今日においては非常に根深い影響を社会思想的に与えています。

自然治癒力を重視する、伝統医療であっても、伝統的な言葉を使いながら近代的なコンセプトや感性から逃れられていないことは結構あります。

例えば、「バランスが崩れた時に人は病になるからバランスを整えさえすれば未病のうちに治すことができる」という東洋的とされる医の考えがあります。

しかし、健康を手にするため、意識的にバランスをとらないといけないという発想が、すでに近代的な感性や身体観の影響を受けています。

というのも、自然界においては意識的に前後左右のバランスをシンメトリー（対称的）に取ろうとする現象がないからです。

例えば自然界の樹木を見ると、前後左右の枝の数や傾き方も違います。

高い木もあれば低い木もありと、アシンメトリー（非対称的）に偏りながらもバランスは結果として生まれています。生物の多様性は偏りから生じており、それでいて常にバランスはとれています。意識してバランスをとろうとすることが自然界には存在しません。

古代のエジプトでは「死者は左右の足を揃え、生者は左足を出す」と言われていたそうです。これは感覚的には武術／武道でいう「足が揃うと死に体となる」の教えとも通じています。

これは身体をシンメトリーで固定された物として捉えるのでなく、アシンメトリーに身体が動き、働き、捉えられ、用いられることを示しているのではないかと思います。

近代以降、「シンメトリー（左右対称）の身体が正しく、アシンメトリー（左右非対称）の身体が間違っている」といった思い込みが強まり、例えば手足の長さなどの体型も左右がシンメトリーでないと不健康なのでは⁉　という感じ方が現代人にとっての感性や知性のデフォルトになっています。

たしかに身体が人工の建築物のようなものであれば、左右をシンメトリーにしてバランスがとれるようにするのも頷けます。

しかし、私たちの身体と存在は自然から生じた、自然の一部です。自然は内外を問わずアシンメトリーにしかバランスをとらないのです。

山川草木をはじめ自然界にはシンメトリーのものは存在しないことだけは誰が見ても分かる通りです。そうであれば自然治癒力を語る以上は、この事実を自然観、身体観から見ていく必要があります。

だとすれば人間はバランスを崩すのではなく、生まれながらにして崩れていて偏っていると考えたほうが理にかないます。その偏り崩れた状態がアシンメトリーにバランスがとれている正常な状態なのです。

人間が四本足の時代の前足を地面から離し、時を止め、空間から時間を切り離し、自分の中に時空を内蔵させ、過去と未来、昨日と明日を考えられるようになった時点でだいぶ不自然な偏り方をし始めました。

そして人間としての身体性の構築と脳の発達とが絡み合い、シンメトリックな目盛や秤《はかり》を用い事物を測るようになり、シンメトリーを用いてアシンメトリーな自然界を知っていくことをしてきました。

しかし、シンメトリーの世界が、いつしか人間自身を測る規範となり、人間はシンメトリーでないといけないと思うようになってしまったのです。

自然の一部である人間を自然界には存在しないシンメトリーな秤や目盛りに合わせようとする行為は、自然界からすると病んでいて正気の沙汰ではありません。

このような人間としての根本的な問題は病院へ行っても、生きている間に治ることはまずありません。

私たち人間にできることは、この存在としての「病み」を認め、自覚し、うまくこの「病み」と「偏り」を生かし自分を省みながら考え、生きて行くことだけです。

先述したウサイン・ボルト元選手ではありませんが、個々のアシンメトリーな病み方、偏り方を生かせば個性が際立ってきます。個々の内面から湧き上がってくる個性的な本質を突いたオリジナリティーは個々の偏り方や病み方から生じます。

魂（コン、たましい）と魄（ハク、たましい）のように、二つの偏りを観ながら、そこから去る私と朽ちていく私の分かれ目を見出しながら自分を整理していくことが、人間特有の「生きて行くこと」になります。

そのように人として生きて行くことの「死生観」や「偏り方」に着眼点をおいた武術の稽古は、今の時代において人間が人間を知っていくための一つのアプローチになり得ると思います。

第五章

これからを生きるための身体観

感覚経験上〝からだ〟はいくつもあると考えたほうが自然

身体にはいくつもの層の経験と現実、真実があり、そこから多様性が生じます。私たちがどこにどのように注目するかで、それぞれの身体の層と現実が観えたり観えなかったりします。

「体はいくつもあると考えたほうがいい」と述べましたが、例えば「丁寧に身体の経験に注目しながら静かに立ったりしゃがむこと」によって、消えていた足腰が観え、足腰と肚《はら》が発生してくるような感覚経験を稽古で覚えます。

その身体の発生に最初は翻弄されることも多々あるでしょう。そうした身体が発生することで体観する感覚には、鏡に映る自分の姿とは全く違う現実があります。

なかなか信じがたいかもしれませんが、稽古をしていくと、鏡に映る自分でさえ「リアルにイメージされた自分の現実」でしかないことにだんだんと気がついてきます。

映画『マトリックス』で、主人公のネオが反乱組織のリーダーであるモーフィアスに、このままマトリックスの世界に残り真実から目を背《そむ》けたいか、目を覚まし真実を知りたいかと選択を迫られるシーンがあります。

モーフィアスはネオに「ここからの選択は自分でしなければならない。ただし、言っておくが目を覚ましたら後戻りはできない。青い錠剤を飲めば朝ベッドの上で起き、今まで通り普通の生活に戻って自分が信じたいことを信じればいい。赤い錠剤を選ぶのならこの不思議の国へお招きし、ウサギの穴がどこまで深いかお見せしよう」と語りかけます。

身体の異なる層のリアリティーを私の講習で体験していただく時、これに近いものがあります。

映画後半でモーフィアスやネオを裏切ることになるサイファーは、マトリックスのエージェントと交渉すべく、こう言います。

「このステーキの味はマトリックスが俺の神経を電気で刺激して作り出しているバーチャルな味だと分かっているんだ。これが実在しないことも、騙されていることも俺は分かっているんだ。でも真実や現実の真相なんてどうでもいい。Ignorance is bliss.（無知で何も知らないほうが幸せだ）。モーフィアスを裏切る代わりに現実世界にいた時の記憶は全て消してくれ。そしてマトリックス（幻想世界）で俺を金持ちの有名人にしてくれ」

このサイファーの気持ちに多くの現代人は共感するでしょう。

実際に「立ちしゃがみの型」や「坐法」「蹲踞《そんきょ》の稽古」から身体の足腰や肚を経験すると、そこから逃げ出したくなる人も少なくありません。

私のところでは強制的な稽古は一切ないですが、それでも最初はマトリックス（バーチャルな世界）へ戻りたくなる衝動にかられるようです。

開眼の時代と閉眼の時代

私たちは目を開いていれば、何かが見えていると思っています。

自分や自分の身体が世の中をどう感じ、どう見ているか。

それが観えていないないなら肉眼は開いていても、自分の身体が何を経験しているかが分かるとは言えません。

人は目が開いていても何も観えていないことが多々あります。

前章でも少し触れましたが、今は逆に肉眼の目は閉じていても概念や観念の世界に影響され感覚としては目が開いたままなので、ちゃんと睡眠をとれない人が増えています。

社会の動向が身体の開眼化を促していると言えます。

常に自分を外に向けて発信し、何事も意識できるようにし、情報に遅れないようにしなくてはいけない。社会そのものが概念により構築されており、私たちの行為の規範をバーチャルな世界に向かわせるよう促しています。

寝ていてもバーチャルな世界から抜けられず自らの想念を見続けているので、感覚的には目が開きっぱなしになって当然です。

いつの時代もそうだったわけではありません。

例えば江戸時代以前は現代とは全く違い、閉眼の時代でした。

人々は生きて行く上で情報も大して必要なく、限られた村や町の範囲でのつき合いといった、閉ざされた空間の中で暮らしていけました。

各々が自分の日常を見つめ、淡々と生きるだけでよかった。

無論、そのような閉ざされた環境で培われた閉眼期の身体は今とは真逆で、肉眼の目を開いても身体の目が閉じていたとも言えます。

例えば『北斎漫画《ほくさいまんが》』を見ると、農作業をしている農民や剣術の稽古をしている武士の目は閉じているように描かれています。少なくとも今の私たちが見ると、そう映ります。

昔の日本や中国の絵には、今の漫画のように見開いた瞳は描かれていませんでした。おそらく、そういう感性や感覚があったから北斎もそのように描き、大衆も当たり前のように北斎に共感できたのだと思います。

各時代で描かれるものはその時代背景にある身体観と動き方を表しています。

このような目の描き方とは逆に、目をギョロッと見開いているのは鬼や妖怪の類いだけでした。

肉眼は開いていても、自分の中に目の閉じた状態がある。

その頃に作られた、武術なり芸事の身体性が現在につながる文化の原点にあるとすれば、その閉眼の身体観を見直さない限り、今やっていることの源は理解できません。

「これから」を生きるために「今まで」を見直す

良し悪しはともかく、あまりにも目が開きっぱなしの時代では、自分の内面を観ることもなく、ただ外の世界へと注目が向かいます。

また、内面を観るといっても外の情報でもたらされた概念に対して、思考を巡らしながら観ているだけのことも少なくありません。

現代社会を生きていると外の世界ではやるべきことがたくさんあります。処理しないといけない情報も人類史上最多でしょう。よって速く、効率よく情報を処理し、物事を行うことが必然的に求められます。

しかし、そうして自分以外のことやこれから先のことばかりに気を取られてしまうと、私たちにとっての「今まで」が消えてしまいます。「今まで」があったからこそ、今この瞬間があり、「これから」があるのです。

自分が「これから」先も生きられるのは、具体的には親や祖父母から自分に至るまで先祖一人ひとりの物語と流れがあるからです。それは人類史や生命史につながるストーリーでもあります。

今この瞬間から急に全てが始まったと思い込み、ここから先だけという人生を歩むのは、単なる現実逃避と言えます。

だからこそ、いったん自分に戻る必要があります。戻るというのは自分を省み、振り返ることであり、それは自身の身体のルーツを訪ねることでもあります。

自分を省みることに薄々気づいているせいでしょうか。目を見開きっぱなしの時代だからこそ、瞑想が流行っているのかもしれません。

問題は目を閉ざせば瞑想になるわけではないことです。

瞑想が瞑想になっているのか、それとも今の環境から得た情報を基にイメージした思想概念を観ているだけの〝思い込みの瞑想〟なのか、目をつむってポーズを取ることだけでは分かりません。

よく、サーフィンをやっていると「心が無になる」という話を聞きます。「無になっている」と実感したり、思い込んでいるだけでは、一瞬で波に呑まれてしまいます。

サーファーなどは〝結果として〟無を体験しただけで、無を求めてサーフィンを始める人は少ないでしょう。ただし、一度その「無になる経験」をしてしまうと、その体感覚を得ようと行為に依存してしまうことも理解できます。

このようなリアルとフェイク、もしくはNot so real（ノット　ソウ　リアル、さほどリアルでない）やNot as real（ノット　アズ　リアル、よりリアルでない）は体で分かることで、その感覚経験によって人は現実を定めています。瞑想の難しさはそこです。

瞑想を作った先人や瞑想ができた人たちは、身体と環境との関わりが濃厚にあった時代に生きていました。現代人が体の経験を通さず、瞑想の知識から入り概念の理解も経験に含めていくような時代では、瞑想の意味合いが大きく違ってきます。

自らの行動から得た「体験を経た実感」「自我のなさの経験」がないまま、瞑想だけで観念的な無を求めることはなかなか難しい。

それでも現代人が瞑想に魅せられてしまうほど、今の私たちには切実な理由があることも分かります。

端的に言うと今の私たちは自分の人間としての立ち位置が分からず、したがって周囲との距離感も分からないのです。

社会的な役職や地位がアイデンティティーや自分の立ち位置になっても、これらも他人から与えられたアイデンティティーなので個人としての根幹的なアイデンティティーにはなりません。よって多くが地位や役職にしがみついていないと自信が保てなくなっています。

今や武術家や武道家ですら他人の評価や他人との関係性ばかりに気を取られたり、情報や知識といった外部に気持ちを持っていかれているので、自分が内面的にどこにいるのかが分からなくなっている人も少なくありません。

そのような世の中で、距離感を取り戻したくて瞑想をしようと思える人はまだマシなのかもしれません。

今後は、身体による接触を通じて環境との距離をとる術を知らない世代が増えていくのは確実です。そうなると、人間はよりいっそう「社会や他人と呼ぶ客観的事実の抽象化された集合体」に答えを求めていくでしょう。

それは膨大な既知の情報に依拠した完全な客観性と言い換えることもできます。

人工知能などのテクノロジーがもたらす完全管理社会

オンライン上のやりとりや単なる言葉だけでのコミュニケーションは発達しても、相手と向き合い、触れてコミュニケーションをとる文化が廃《すた》れると、身体の構造を経験的に学習する機会がなくなります。

そうなると他人というものに、どう関わり、触れていいのかも分からず、他人とはただ怖いだけの抽象概念上の存在になります。

具体的に何をどうすれば共感や同調が生まれるのかも理解できないままでは、当然ながら人との距離感も不明瞭になります。

これほどまでに情報化が進んでいながらも「コミュニケーション能力が大事」「共感できるようになりましょう」と言われるのは、それだけ人間同士の関わり方が分からなくなっているからでしょう。

しかも言語、文字や記号を用いたコミュニケーションばかりに注目し、身体を介しての関係性について語られることはほとんどありません。

このような世相では、AI（人工知能）という「抽象化された客観的事実の集合体」に関心が注がれるのも当然の成りゆきと言えます。

よく分からない他人とコミュニケーションをとるのは怖い。何が正解なのかも分からない上に、常に選択を迫られる。

そうなると「責任を負う必要もなく、他者と関わらず自閉したまま生きていける環境を整えたほうが安楽ではないか」となっていきます。

そういう社会が実現した時、何が訪れるかと言えば、ＳＦではやり尽くされている、既存の知識や情報から客観的事実の集合体が物事をジャッジしてくれる完全管理社会です。

私たちは物事の判断の当事者ではなくなり、自分で物事を決めることもなくなります。荒唐無稽《こうとうむけい》に思うかもしれませんが、そういう世界まであと一歩どころか、すでにその中で私たちは生きています。

日々食べたいものではなく、データに基づいた健康にとって良いものを摂《と》ろうという考えで献立を考えたりしてはいないでしょうか。そうして知らないうちに、便利で快適で完備された社会に自らを寄せていっているのです。

便利と快適さから離れることは非常に困難です。

私はハワイから日本へ戻ってきて数年は、携帯電話はおろか時計や財布も持っていませんでした。

いつしかそれらを持つようになり、今ではスマホを使っています。指一本の動きでその場にいながら国内外の様子を知ることができます。

知能は、これまでの人類史においては強みでしたが、今や弱みになりつつあります。知能が共有概念となり世界中の情報と知識にアクセスできることで、あたかも神になったのではないかとの錯覚と知的優越感を覚え、さらにはその感覚を私たちは共有しています。

またスマホの便利さゆえの中毒性の高さと、その複雑さに翻弄されまいとしている自分がいることに驚いています。

常に技術の結集が便利さと知的優越感の実現に費やされています。

ゆくゆくは、私たちは指一本動かす必要のない端末を手にするようになるでしょう。

脳波だけであらゆることが済まないものか、という考えに行き着くからです。

つまり、技術の発展していく方向は「いかに身体から離れるか」にあります。

社会を統合する要《かなめ》になるＡＩに関しての議論の一つに「ＡＩに身体性はあるか」といったテーマがあります。ＡＩが私たち人間を理解する上で身体性を持つ必要があるのでしょう。

客観の集合体ですから主体は持ち得ないので身体を持つことはないとしても、概念の世界で身体性を持つ可能性はあります。

仮にＡＩも生命体と見なすとして「あなたはどこから来たのか？」とルーツを質《ただ》した時、その源はＡＩ自体にはありません。それを作った人、例えば『鉄腕アトム』で言えば天馬博士というアトムを創造した個人の身体性や感性、価値観に行き着きます。そして、さらにはアトムや天馬博士を創造した手塚治虫の身体観とインスピレーションの出所が問われてきます。

手塚治虫のインスピレーションで思い出すのが『火の鳥 未来編』です。

舞台は地上では人類が住めない環境になっており、人は五つの地下都市メガロポリスに住み、電子頭脳に自分たちの支配を委ねています。二つの都市の電子頭脳が互いに核戦争を始め、最後の砦《とりで》であった地下都市まで消滅し、人類がほぼ滅亡してしまいます。

現在のＡＩの進化度はメガロポリスの電子頭脳ほどには至っていないと言いたいところですが、テクノロジーに対する依存度で考えると、すでに私たちはメガロポリスの住人に近い状態にあります。

また、ＡＩが身体もしくは実体をいまだに持ち得ないにしても、目まぐるしく発展しています。気づいてみたら、誰もが何か分からないことがあるとすぐさまスマホかタブレットを出し、検索をするようになっています。

今や国家から個人の家計簿まで全ての情報管理にＡＩとネット世界であるマトリックスが関わり、それらを信頼し、そのテクノロジーに依存しています。

ＡＩの目覚ましい発展は、例えば将棋や囲碁におけるＡＩの活躍ぶりからも分かる通りです。

どちらにおいても人間にすれば、なぜそのような選択なり答えを導き出したか分からない現象が起きています。ＡＩが一貫性のある論理から離れた選択をし始めているように見えます。

研究者の間では、これを「AIの黒魔術」と呼んでいます。

これまでに数々の黒魔術が発見され、将棋AI・ポナンザにもたくさんの黒魔術が組み込まれているそうです。

ポナンザの開発者自身もなぜそうなるのか理解できないところが多く、そのためプログラムの改良は勘と経験を頼りにしている状況です。

開発者はこのAIの選択が理解できない状況を悲観しておらず、むしろAIが直感や予想の及ばない範囲にいることを望ましいと考えているようです。

将棋という限られた範囲とはいえ、AIが人間の予想の及ばない選択を行っているのはすごいことではあります。

人間にたとえると幼児の本能的な直観と天才的な判断力で、大人の論理性が覆《くつがえ》されているようなものです。

幼児とAIの共通点をあげるなら、どちらも「目的はあっても正しさは分からない」ところです。彼らには「目的＝正しい」といった考えや感情がないので、論理や理屈で正しさと目的を結びつけている大人であれば、いずれにも勝てないことはよく分かります。

しかし、幼児とAIが決定的に違うところがあります。

一つはＡＩは必ず人間側が提示するテーマに沿ってしか機能できないことです。

赤ちゃんは自ら進んで未知の領域へと入っていき可能性を見つけられますが、ＡＩは既知の領域でしか可能性を探すことができません。

二つ目は、ＡＩはあえてミスを犯し、そこから学習することができません。

幼児は例えば水を「わざとこぼしてみる」といった、意図的な誤りを行います。そのことで自分の観ている世界を確かめることができます。

それを社会的な規範に囚われている大人のほうは、叱ったり、怒ったりします。

根本的に規範がなぜ正しいのか？　と考えずに、大人は社会的に他人から与えられた正解をもとに子供を正そうとしますが、この幼児の行動こそが人間にはできて、ＡＩにはできない目の前の現実性を自分で確かめる高度な学習方法です。

しかし、ＡＩも意図的に失敗を犯せるようになると、人間を凌駕《りようが》するような存在になりかねないでしょう。

ＡＩが「もし相手が歩を一つ多く持っていたら」「もしマスが増えていたら」とルールにはない、誤りの状態を意図的に作り想定想像できるようになったとしたら、対処能力は人工知能のほうが速く、そうなったら、この世では知能に関することで人間の出る幕がなくなるかもしれません。

ミスを招くことで人間は身体観を深め、思考を発達させてきました。

失敗することで、人間は違いを知ります。

「これではない」「これとは違う」という違いの発見によって他者性を知り、それに対する共感も抱けるようになりました。

そして「自分とは違う他者」という異なる身体観と文化を認めることができるようになったのです。

今後、テクノロジーとの共存を現実的に模索するなら、私たち人間側がＡＩから学ぶことも大切になります。

実は私がいる武術の世界では、ＡＩの世界で「黒魔術」と呼ばれていることが遥か昔から稽古体系に型や式として組み込まれていました。いわば「黒魔術」は大前提であり、勘と経験を頼りにしながらも様々な型や式、稽古方法から因果関係の分からない技や術が求められてきました。

できる人ほど「なぜ型の要求に従い動くと技がかかるのか」「なぜ式通りに稽古するのか」と、その因果関係の分からなさや未知と向き合っています。

また、自分が集注する方向と動きが生じる方向が違うことや、感覚が生じるところと気の集注が赴く方位が違ったりと、型が成立する理由や技がかかる理屈は全く「黒魔術的」

なことばかりでもあります。

自閉する身体と共感

「自分とは違う他者」という違いを身をもって体験し、知っていくことが人間の知性にとって欠かせないものであったにもかかわらず、私たちは既知に基づく「客観事実の抽象的な集合体」に依存し、自身の身体を消す方角へ向かっています。

コミュニケーション能力の重視やSNSでのバーチャルなつながりが意味しているのは、私たちは他者との距離を取りたいが、身体のコンタクトのない他者性を欲している、ということです。

その一方、そうして自らを閉じれば閉じるほど、外に自分とは違う他者がいることが分かるわけです。

他者性は発生しても、閉じているだけに外部との接触が怖くなります。その怖さを補うために、客観性に基づいて話したり、他人が与えてくれたラベリングに従う自分を演じようとします。

そうなると信頼している人だからこそ「本当のことを言わない」こともあり得ます。信用できる相手だからこそ、期待通りの自分を演じないといけない。そうでないと正気を保てないわけです。

何者かを演じて関係性を保ちつつ、演じている限りは他人とは親密な関係になれない。しかし他者に向かいたい衝動がある。この二極化に現代人は裂かれています。

そういう傾向は世界的な潮流としてあるのかもしれません。

そういう意味で近年目立つのは、自分だけに成立する閉じた論理の構築を行い、他人との共感性や同調性を求めないで一方的に話をする人の多さです。

論理とは本来は動的なものであり、変化していくことでした。

しかし、それが今や固定化した観念となり、それがゆえに本人にとっては絶対的な確定性として感じられるものになっています。

論理と変化を止めた固定観念は相入れないものであったはずですが、それらが組み合わさったことで「論理性のない論理」が生じます。

以前であれば、それは箸にも棒にもかからない屁理屈として聞き流されていたのでしょうが、今は「論理性のない論理」であればあるほど、周囲が勝手に解釈した上で賛同をするようになっています。

「論理性のない論理っぽい言葉」を語る人の特徴は、それが誰の体験に基づくものなのか分からない客観的事実や誰かの主観を、自分の経験や体感を通さずに語ることです。それが支離滅裂であってもウケてしまうのは、「当事者としての考えのなさ」が客観性に映り、聞く側の願望や期待といった物語を投影させやすいからでしょう。

これは武術、武道の世界でもよく起こることで、ある程度の実力があり主張の少ない先生ほど、周囲のお弟子さんたちの主張や意見、カラーが濃くなります。

また、その場合に先生が周りから色づけされ始めます。武術、武道は本来なら実力の世界ですが、先生と弟子の主従関係から人間ならではの奇妙な現象が生じます。

弟子が師匠の技にかかってやられ役を演じることで「私は、こんなにすごい先生にやられている、その私はすごい」とか「実力ある私でさえ倒せるこんなにすごい先生の弟子である私はなんてすごいんだろう」といった、ややこしい心理作用が生じ、師匠にも「こんなにも技がかかる私はなんてすごいんだろう」といった気持ちが大なり小なり生じ、複雑な主従関係を作り出します。

私も関わったことのある合気系の武術に特に見られる現象ですが、そこに人間特有のどうしようもなさを感じます。

こうした信仰は個人でなくある特定の流儀流派、会や組織の場合でも同じような心理作用や精神構造は生じます。ここは人間ならではの社会性ベースの主従関係ができあがっているので、その状況下と条件の中で技がかかろうと武術の実力とはなんの関係もない可能性が高く、どちらかというと信仰に近いものがそこにあります。

流儀流派を問わず、たやすく生じ得る問題だけに、改善されるべき武術、武道の世界での風習です。

この人間特有の複雑な心理作用と精神構造により「当事者のいない抽象化された客観的事実の集合体」からの発言が、「本人のカラーがない皆の意見」となり、周囲が脚色しやすいキャラクターを作り、周りの支持が得られたり信仰対象にされやすいわけです。

ここでの問題は支持されている人と、その人を支えている人たちが、自らの主観が実は「当事者のいない抽象化された客観的事実の集合体」になっていることに気づかないことです。

それでいて自分では「これは私の意見だ」「自分の主観的な見解だ」と思っています。

しかし、問題が勃発すると決して当事者として責任を取らない。問題から逃避し、責任を互いになすり付けようとする見苦しい状態になります。

そのことに潜在的に気づいているからこそ、我が儘を通すか自分が間違っていた時のための逃げ場の確保と責任転嫁の準備をしてしまうわけです。

また、攻撃性と恐れが内面化され、他を遠ざける自閉傾向の高まりをもたらしています。

今の社会形態の中に住む私たちが、なぜそうなったのかは厳密には分かりません。ただ現状から分かるのは「もうすでに私たちがこうなっていること」だけです。

電車や街頭で見かける、人々がスマホを熱心に覗き込む、外部に対して内面を自閉的に隔離させていっている姿が「すでにこうなっていること」を明らかに物語っています。

そのような社会の現状とは裏腹に武術のおもしろいところは、常に真偽が試されるところです。

いくら言葉で論理めいたことを言ったとしても、相手にそれを試してみて通じなければ仕方がないからです。

自分で勝手に結論づけた自己満足の論理なのか。それとも本当に自らが行動に移して他に通じる論理なのか。自分のマトリックス（幻想世界、空想世界）から出てきて実世界でも自分の強さと実力が通じるのか、それを同門以外の異文化の流儀を相手に試してみれば瞬《また》く間に目が覚め、明らかになります。

また、相手と対峙《たいじ》した時、相手を「どうにかしてやろう」とした時点で武術として負けは確定です。

想像や願望、期待で自分から自分が離れてしまうことを当たり前にする現代人は、始める前から決着はついていると言えます。

武術においては、自分を省み、自らが身体の奥深くに感じていることに従い、自分を貫徹していなければ自分の動きや技は相手に通じません。あるいは自分で納得できる感覚で技や動きができるか否かで真偽は明らかになります。そのようにして自己満足や思い込みは即座に否定されます。

格下の人間を相手に結果的にうまくいったとしても、自分に内心、感じるところがあると自身が誰よりもうまくいかなかったことと、何かを誤魔化したことが分かります。万人を騙せたとしても、世の中に一人だけ自分が絶対に騙せない人がいます。それは自分です。

武術においては、他者の存在を自分から切り離して排除することはできません。と同時に相手に気をとられ、妥協して関係性を築こうとしても、決してうまくいきません。

誰しも経験的に知っているのは、自分を省み、観ることを抜きに相手に働きかけようとしてもうまくいかないということです。

まず自分のほうへ目を向けるには、ある種の自閉性が必要です。

その上で他者と関係性を築いていく。

その時初めて外へ向けての作用や働きが生じます。自閉と他者性のせめぎ合いの中で、他者との関係が生じます。関係性は排除と親密のどちらか一方だけ、あるいはうまい具合に二者のバランスをとれば成り立つようなものでもないのです。

これは現代人が手に入れたがっているコミュニケーション能力を考える上で重要だと思います。

ことさらそれが取り沙汰されるのは、関係性を持つことの煩わしさをなんとか快適にしたいからでしょう。

しかも日本には、人に気を遣い配慮することを良しとする文化があるので、コミュニケーションは複雑になりがちです。

そこに想定や期待されている相手のレスポンスが加わるから面倒です。

私たちはつい相手からの見返りを期待して、だからその予測を外されると腹を立てるのです。

どうも私たちは言葉を用いることと気持ちをくっつけすぎています。

気遣いや配慮が「あなたのためにやったのに、どうして私の気持ちを分かってくれないのか。なぜ思いを返してくれないのか」といったような、回りくどい粘着したものになりがちです。

そうなるのは、お互い分かり合えない前提で社会で生きているからではなく、「同じ日本人だからどこかで分かるんじゃないか」という期待があるからです。

ところが武術は自分本位でないと始まりません。

だからといって、どういう状況であれ配慮しないで自己を貫くわけではありません。ただ「あなたがこうしてくれたら私はこうします」といった忖度《そんたく》はしないだけです。どちらかと言えば、「あなたの存在は認めます、また私も共に存在しています」といった生物多様性を認めるような配慮がスタートラインになります。

こうなると配慮と呼んでいいのか分かりません。ともかく「存在は認める」というところで済ませておかず、相手にぶら下がったり、もたれかかるような期待を寄せたのでは、武術として成り立ちようがありません。

武術では価値観の対立から入り、そこから同調性や共感の場にどう立つかが問われます。自分に危害を加える相手ではあっても相対する以上、その存在自体をなかったことにはできません。

そして、自分から相手を観るだけではなく、相手から自分を省みることも必要です。こうしてこの場で出会うのも何かの深い縁があってのことですし、また自分からすれば相手は敵でも、相手からすればこちらが敵です。

つまり立合いとは「あなたは私であり、私はあなたである」の地平に立ってからが始まりです。

自分の気持ち（感情、感覚、心）の釣り合いを静かに観て取れるように内面における立ち位置を捉えていきながら、相手との関係においては「退かず、出ず。譲らず、取らず」から「出てもよし、退いてもよし。譲ってもよし、受け取ってもよし」へと移ろいます。

攻防の主導権をどちらにも渡すことができる立ち位置にいる者が、一命のかかった立合いにおいては生き残ります。

お約束の予定調和に終始する武道の稽古や競技武道に慣れている人は主導権を握ったほうが勝つと思うでしょうし、実際にルールや条件、状況を設定すればそうなることもあります。しかし、それは武術の世界においてはそこそこのレベルの戦いの話であり、致死的でない状況が前提の場合にしか通じなくなります。

生死のかかった立合いにおいては、主導権を握るということは究極の受け身の中動態のようなものです。というのは、どちらかが死ぬような勝負においては十中八九、先に出たほうが負けるからです。

最初に動き出すことで自分の形を崩し、相手に自分の方向性を教えてしまうからです。つまり墓穴を掘ってしまうわけです。

だから主導権を握ろうとせず、持ちつつも居着かず、かといって譲らず、関係性の間に主導権を置いておけるほうが最後は残ります。

これを武術の世界では「位《くらい》」と言います。

身体的ジェネレーションギャップを埋めるコミュニケーション

武術から学べることは実に様々です。

観念的なコミュニケーションではない、身体を通して相手との関係性を把握していくこと。あるいは古の身体観を保存している型や式を通じて、考古学や文化人類学的に人間のことを学ぶ手段として稽古することもできます。

いずれにせよ、実際に自分の身体で武術の所作を体験し、経験しながら自分を観ていったり、省みていくことができます。そういう学び方が今の戦争のない平和な社会では許されています。

武術の型ができた時代は、稽古する当人にとって生活そのものの延長線上にあるものだったため型に関して当事者の客観性は生じません。しかし、私たちにとっては「型は昔のもの」という客観性が生じています。それゆえ「保存するにはどうするか」についても考えられます。

型という形式だけでなく、それが成立した時代にあった身体観や感性をいかに習得し伝えるかが私たちの課題となります。

先人は私たちに後世に何かを残そうとして型を作ったわけです。それを使わない手はないし、できれば伝承の内実を後世に伝えていきたい。

そこでネックとなるのが、やはり身体的ジェネレーションギャップです。

数百年前まで遡《さかのぼ》らずとも、現代でもギャップがあります。

一九六九年に亡くなった合気道の創始者、植芝盛平《うえしばもりへい》は、武術を本格的に始める前の青年時代からすごく力が強かったそうです。力試しに用いられる力石《ちからいし》、それも三〇〇キロ以上のものを持ち上げていたと言われています。

そういうサイズの石があったということは、持ち上げる力量の持ち主が同時代にそれなりの数いたということです。力石はでこぼこしているので持ちにくく、現代のウェイトリフティングのオリンピック選手でも上げられないと思います。

また二〇〇九年に亡くなられる直前まで稽古を絶やさなかった、沖縄の古伝空手「心道流」の座波仁吉《ざはじんきち》先生は若い頃、突いてきた相手の拳《こぶし》の上に乗って顔を蹴るなど、猿みたいに身が軽かったようで、しかも沖縄では同じようなことができる人がそれなりにいたそうです。

この手の話は武術に限らず、職人の世界にはたくさん残っています。

戦後の沖縄の建設現場では煉瓦《れんが》やブロック、瓦《かわら》などを婦人たちが頭に乗せ足場の悪いところのハシゴなどを上り下りしたり、歩いていました。

また中国では髪の毛に字を彫る人がいましたし、日本では抜いた髪の毛を指の爪で挟み半分に裂き、さらにそれを半分に裂いたという職人の話が残っています。

そういう集注観がもたらす技は今は特殊なこととされていますが、造作もなく普通にできる人がいた時代があったのです。

では、こういった話を聞いて、「ああ、なるほど」と共感できるかと言えば、難しいでしょう。

ここまでのレベルではなくとも、現在でも卓越した技を持つ人はいます。

共感できるだけの身体観を持っていない世代にこうした技を伝えようとしたら、「あり得ない話」か「信じられるけれど、あくまで超常的で神秘的な話」として捉えてしまうミスコミュニケーションしか生じないでしょう。

これは認識の問題ではありません。物事の捉え方や認識の基盤となる身体の感性のジェネレーションギャップをどうにかしない限り、コミュニケーションは失敗することのほうが多くなります。

武術でも職人の世界でも、教える側が共感や同調の場を学ぶ側に向けて用意しないとコミュニケーションは成立しません。

教える側の価値観の押し付けでは、ジェネレーションギャップを埋めることには決してならないのです。教える側は現場においていかに物事をいかに伝えるか。そこはシビアに問われるべきです。

私が主宰する講習会や稽古会についてもそうです。

学習環境を作る立場にいるのは私です。生徒の価値観に入っていき、私の中のどこで同調し、どこで共感が発生するかを観ていかないと、コミュニケーションの場が設けられません。

経験を積めば積むほど「こうすればいいんだ」というものが分かってきます。「こういう時は、どうすればいいか」というノウハウも構築されていきます。

そこで身体観や感性のギャップを無視して、「こうすればいいんだよ」と言っても、それではコミュニケーションになりません。

教える側に経験があるほど自信もついていますし、私のやり方、私の形を教えたくなるものです。

私の形を教えたくなるところでそれをさせないのが型です。それがないと着地点が見えてきません。

伝えるべきは、マイウェイやマイフォームではありません。

名選手が必ずしも名監督になれないのは、まさにここです。

形や動きから原理を摑《つか》み取ることなく、押し付けてしまっては、学習者は指導者のやり方をうわべで真似るだけになってしまいます。それでは習う側が指導者に似て先生っぽくなっても、その人らしさはなくなります。

型という法則性や原理が入っているものを間に置くことで一間置ける。

そうして、ゆっくり丁寧に伝える以外に方法はないのです。

その上で伝えるタイミングなどを見ながら、気の合う時と所を見極めていく必要があります。そのためには身体を通じた同調性が発生するような場や環境を作ることです。これは私が場を支配することではありません。それでは私が感じている世界に同調してもらうことにしかならず、洗脳や強制になってしまいます。

強く押し付けて支配しない。そうした距離感の取り方が重要なのです。

確かに昭和初期やそれ以前の時代は価値観を押し付けても伝わることがありました。それは単純ながらも共感されている基礎的な身体性が社会にまだあったから、成り立つコミュニケーション方法だったと言えます。

今はそういう時代ではないことを重々理解し、知っておかないと、伝わるものも伝わりません。

この複雑で混乱した時代に凛として歩み寄る姿勢が大人、指導者に必要です。

それは、生徒と先生が共に強制なくきちんと気を遣えることでもあります。だからといって機嫌を伺うわけではない。

相手の気持ちを理解してあげるというのは、人間として普通のことだったはずですが、あえてしないといけない時代になってきています。

こういうコミュニケーションは子育ても同様だと思います。

必要なのは洗脳や強制ではなく、同調と共感です。

親子といえども互いの関係性がないと成り立たないのだから、一方的に支配することはあり得ません。

こちらが子供を観て、その子供側の世界観を学習しないといけないのです。

次世代に継承すべきもの

学校の先生も親も何を教え、何を育めばよいのか、そのことで迷っています。

何が正しいことなのか。

大人の側が自信を持って言えないのです。

だから客観性や周りの言う正しさにすがろうとするのです。

そうすると、いよいよ自信が持てなくなります。

自信とは、自分が「この身と体で生きている」という感覚経験と自覚から始まります。

現状の社会に合わせ、他人の要請に従って生きて行くほど自信を失っていくのであれば、環境をガラリと変えるのも一つの手ではあります。

若い世代の一部に農業を始めたり、都市を離れＤＩＹで生活することを志望する人が増えているのも、直観的に身体の自然を取り戻したいと思ってのことでしょう。

私もアメリカで経験したように、山の中で自給自足をすれば、親子のつき合い方も変わります。

自給自足に近い田舎の日常は都市生活と違い、身の回りのことさえしていればいい暮らしなので、自分と直接関係する食べ物の収穫や捕獲などの実務だけで済みます。

それは概念の共有をあまり必要としないので確かに幸せなことかもしれません。

しかし、今の社会形態では、大多数は自給自足の暮らしをしていません。

また子供が自然の中で成長し、やがて社会に出ていく時、今の社会形態に全く適応できないようでは、たとえこれまですばらしい環境で過ごしていたとしても、本人が自然と人間が作った環境の間での葛藤に負けてしまい、必ずしも自然の中で生きることが現代という時代を生きる力と自信にはならないこともあります。

また、人間と人間社会、自然のことをそこまで考えておかないと、自給自足の暮らしも単に自分の理想郷を実現したいがための自然好きによる自然を壊す行為になります。

たとえ僅《わず》かな自然と人工的な環境しか見当たらないような都会暮らしであっても、自分に自信を持って生きて行くことはできると思います。

今こうして私たちが生きているのはルーツがあってのことです。

そして、この気候風土で生まれたということは、なにがしかの文化を継承しているということです。

自分がどこからやってきたかが自信の源になるとすれば、ルーツを見出すヒントは必ず自身の文化性にあります。しかも、それはすごく身近でありふれたものであるがゆえに、今まで見落としていたものが糸口になることも多々あります。

例えば炊事に欠かせない火です。

スイッチ一つで済むこの火はどうやって今の形態に至ったのか。和光大学の岩城正夫先生や関根秀樹先生は火起こしを研究し（次頁写真）、文献の検証だけでなく実際の技術を復興し、体験しながら古代からの火起こしを再度発見しています。

経験の中で文化を見直し、獲得することが自分のあるいは文化のルーツを辿ることであり、身をもってする体験が自信につながるのです。

火起こしは懸命に手を動かせば火がつくわけではありません。やはり、やり方があり、道具の準備から火をつけるところまで、実用美に伴った型として語られない型がそこに窺えます。その力加減などの型から少しでも外れると火はつきません。型の意味を体を通じて観ていけば、ピタッとはまるところがあり、すると難なく火はつきます。

昔からある型を媒介にしていかない限り、観えてこないものがあります。

「こういう手順の型がある」と情報として伝えることも文化の保存としては役立つでしょう。しかし、それはあくまでうわべに過ぎなくて、過去の情報を理解するだけの身体性と知性がどうしても必要となります。

それも情報そのものに価値を置くのではなく、情報を理解できる身体性や身体観、その時代にあった感性に価値があるのです。

岩城正夫先生(上)／関根秀樹先生(下)の火起こしの様子

情報や知識はあくまで入り口です。

武術も同様です。その型が作られた時代が三百年前なら、その当時にあった身体性に自分の中でアクセスしないと手順だけを真似ることになります。

武術でも芸事、あるいは火起こしでも、昔の型なり表現を今の現代人の身体観で行うとぎこちなくなります。

それは「昔の動きが不合理で間違っているからだ」と言いたい自分もいますが、実はそうではなく、自分が何か見落としているからぎこちないのです。

古典的な動きや所作から学ぶ時に昔の人と共感性を持てないのは自分の問題で、それなら自分のほうから昔の型に歩み寄っていかないと理解に至りません。

そういう考えで型に接すれば、自習ができますし、型から学んだことを他者にも伝えられるようになります。

ただ、型の意味合いを伝えることそのものが難しい時代ではあります。

我が家では子供の遊びの一つとして、手裏剣《しゅりけん》を打たせています。手裏剣にも型があるのですが、そこから厳密に入って打ち方を学ばせるのは難しい。現代の子供たちはムーブメントに慣れているため、型ではなく動きから入らざるを得ません。

また、的《まと》に手裏剣が刺さるうちはいいのですが、少しでも当たらなくなると途端に集注が他へ移りますし、ずっと手裏剣が刺さるようになっても飽きてきて他のことに注目が移ります。そこで無理にがんばらせようとしたら、意識をさせてしまい、本人が感じていることとは異なることをさせることになってしまいます。

飽きているのに続けさせようとすると、子供らの才能が生かされなくなります。その人の個性を生かすには、飽きがこないような工夫が私のほうに必要なのだと思います。

遊びであれ勉強であれ、あらゆる学習は本来なら経験を介さずして起こり得ず、それは身体を通したところにあるということがなんとなく伝わればそれでいいと思っています。

これから先の社会はもっと身体から離れ、頭の中だけやバーチャルなリアリティーへの共感で満足感が得られるようになる。その方向にテクノロジーが発展していくことは確実です。

しかし、どのような時代になろうとも完全に全てがイメージ通りにいくことはありません。バーチャルではない生命が宿る身体をイメージ通りに少し動かせただけで私たちは一喜一憂します。なおのことイメージ通りにいかなかった時のことを恐れます。

だからこそ人は無自覚にもいっそうバーチャルな世界に浸り、身体をなくそうとしているのかもしれません。頭の中のイメージは自由で様々なことができるのに、それについてこられない実際の自分の身体が煩わしいからです。

そういう動きが強まっていることへの反動からか、何かが失われていっていると直観的に危機感を覚えているからか、伝統が何かも分かっていない人でさえ、やたらと「伝統が大事」と言いたがるようになっています。

事の当否は別にして、「これから先」ではなく「これまで」の方向に何かあるのではないかと感じていることから、私たちはそう口走ってしまうのかもしれません。

イメージ通りに生きたいけれど、決してそうはならない。そういう葛藤は社会のシステムが高度化され、情報量が増えるほど強くなります。

葛藤が最高潮に達したところを経過しないことには、私たちは古の身体だけでなく、今の身体にさえ戻れないのかもしれません。

こうして過ごしている一つの文明のあり方に終止符を打てるくらい、とことんまで行ききったとして、その結末がいつ来るかは分かりません。

ただ一つできることは、身の回りの自分にできることから一つ一つやり遂げ、さしあたり自身の身体が何を自分に語りかけ、諭そうとしているのかを感じ、その経過を観つめていきながら「身体の聲《こえ》」に従っていくことが一つ一つの真実、真理に近づくための法《のり》であり、何よりたしかな道となります。

いくつもの真理、真実、本質を私に諭してくれる「身体の聲」、その聲を聴くには身体に目を向け、耳を澄ますところから、その一歩が始まります。

おわりに

私は武術以外では、若い頃から本屋や古本屋が好きで機会があれば足を運ぶようにしています。古臭い紙の匂いを嗅ぐとなぜか心が落ち着きます。私だけでなく私の子供たちもそうです。

それはきっと本たちがやってきた経緯みたいなものとつながるからでしょう。

本に限らず武術や古典芸能、骨董《こっとう》など古いものと接して歴史とつながっていくとき、人は落ち着きを取り戻すことができます。

脳化された人工的な環境で生かされているだけで、自然という他者を通じて生きたことのない時代の私たちが、どこでどのようにして自らの落ち着きを見出すかというと、自分の巣と居場所に戻る感性を武術や古典芸能を通じて獲得していけるところにあります。

親しんできた人たち、育った土地や親しみのある日常生活。今の私と私につながるこれまでの時間とがつながるところを感じるとホッとする。

その落ち着きは私たちが日頃見失っているものです。

人間の習性なのかもしれませんが、近代化を経て現代に至る中で、私たちは得たことには目が行きやすくなりましたが、失ったことは考慮しなくなりました。

人の世の流れが向上と発展を大事としたからです。

かつては手にしていたが、今はなくしてしまったものは数多い。とりわけ自らの可能性について見失い、その存在を次第に信じられなくなっています。

それを取り返すとしたら。

手掛かりになるのは手元に残る古典や伝統、昔の人の所作になるでしょう。これらは私たちに残された最後の砦《とりで》と遺産です。


可能性とは個々の内面を観ることによって見出せるものです。その術をこの本では紹介してきました。

可能性をこれまで人間は外に求めてきました。今や外の世界は絶望の淵にあります。そうであれば光明は自分のうちにしか宿りません。

じっと己を観ていけば、黒魔術という名の自発性と直感が生じます。それこそが光明ですが、意識して作れません。

人類は誕生以来、ほとんどの時間を自発性と直感を頼りに生き延びてきました。知識や物事を対象化する方法を知る遥か以前から、それだけでちゃんと生きてきました。

時代が行き詰まりを見せる中、なんとなく誰しもが感じているかもしれません。

これから先の時代は、再び自発性と直感に基づかない限り、到底やってはいけないのではないか、ということに。

情報と知識の共同幻想を論理性と呼びます。

それを超越したところに可能性はあります。それはどこにあるかと言えば、私たちにとってあまりに身近なこの身体にこそあったのです。

この本が身体の持つ可能性と絶望の中に差す光明に気づくきっかけになれば幸いです。

最後に、毎回アカデミー賞の授賞式みたいになってしまうのだが、本当に多くの方々のお陰で、今回の書籍を世に送り出せることに感謝の意を示したい。

この書籍を世に出す上で半分以上の仕事をしてくださったライターの尹雄大氏に心より感謝したい。また、この私の本を書籍化する話を受けてくださったPHPエディターズ・グループの大久保龍也氏と、編集に当たってくださった伊藤香子女史には感謝している。

一昨年から去年にかけては私の家と自宅道場を増改築することとなり、光岡家が戦前から此処に住み始めて私で四代目で初めて本格的に家を建て直すこととなった大きな分岐点の年でもありました。

去年は家を新しくし、今年は私による単独の書籍が出る年となり、また新たな年号になる年としても何かが終わりを迎え、何かが始まろうとしつつある時期のように感じます。

そのようなことが重なる中で増改築の話が二転三転しながらも家と道場を建ててくれることになった地元工務店のアイム・コラボレーションと、四代にわたって今の土地に住むことを可能にしてくれている、真言宗御室派の大福寺さんには不思議な縁を感じると同時に改めてこの場を借りて感謝したい。

そして、私の韓氏意拳の師である韓競辰老師と韓星橋先師から得た数々の教えには感謝しかない。

また私を世に最初に出してくださった甲野善紀先生と、そこからの御縁で出会った野口整体二代目・身体教育研究所の野口裕之先生と御子息の三代目・野口晋哉先生には本文中でも多く影響を受けた物事の捉え方や言葉など使わせていただき、そのことには感謝しきれない気持ちが多々あります。
最後に今まで私が書籍を世に出すに当たって常に陰から私を支えてくれた家内と子供たちにはここで一言〝ありがとう〟と感謝の意を示したい。

二〇一九年二月二十四日

光岡英稔

装丁◎神長文夫＋松岡昌代
編集協力◎尹　雄大

〈著者略歴〉

光岡英稔（みつおか　ひでとし）

1972年、岡山県生まれ。日本韓氏意拳学会代表、および国際武学研究会代表。様々な武道・武術を学び11年間ハワイで武術指導。2003年2月、意拳の創始者、王薌齋の高弟であった韓星橋先師と、その四男である韓競辰老師に出会い、日本人として初の入室弟子となる。現在、日本における韓氏意拳に関わる指導・会運営の一切を任されている。国際武学研究会において自身の武術研究の場である兵法・武学研究会を主宰すると同時に、国内外の武術家・武道家に限らず人間の文化、身体、歴史を経験的に探究されている方々を招いての交流イベントなども主催している。

共著に、内田樹氏との『荒天の武学』『生存教室』（以上、集英社新書）、甲野善紀氏との『武学探究』『武学探究　巻之二』（以上、冬弓舎）、藤田一照氏との『退歩のススメ』（晶文社）がある。

身体の聲

武術から知る古の記憶

2019年4月3日　第1版第1刷発行

著者　光岡英稔

発行者　清水卓智

発行所　株式会社ＰＨＰエディターズ・グループ

〒135-0061　江東区豊洲5-6-52

☎03-6204-2931

http://www.peg.co.jp/

発売元　株式会社ＰＨＰ研究所

東京本部　〒135-8137　江東区豊洲5-6-52

普及部　☎03-3520-9630

京都本部　〒601-8411　京都市南区西九条北ノ内町11

PHP INTERFACE　https://www.php.co.jp/

印刷所
製本所　図書印刷株式会社

ISBN978-4-569-84280-6